Martin Koschorke

Männer haben keine Probleme.
Männer lösen Probleme.

Das ist das Problem.

W0049071

Martin Koschorke

Männer haben keine Probleme.
Männer lösen Probleme.

Das ist das Problem.

Mit Zeichnungen von Klaus Martin Janßen

KREUZ

© KREUZ VERLAG
in der Verlag Herder GmbH, Freiburg im Breisgau 2014
Alle Rechte vorbehalten
www.kreuz-verlag.de

Umschlaggestaltung: Vogelsang Design
Umschlagmotive: © shutterstock.com – Waren Goldswain,
© goodluz – Fotolia.com

Satz: de·te·pe, Aalen
Herstellung: CPI books GmbH, Leck

Printed in Germany

ISBN 978-3-451-61277-0

Inhalt

Warnung vor »den Männern«

Männer. – Es gibt so viele davon. Allein in unserem Land sind es Millionen. Große und kleine, junge und alte, Kinder und Erwachsene. Dicke und dünne. Schwache und starke, aktive und passive. Selbstbewusste und ängstliche, Draufgänger und Feiglinge, mutige und vorsichtige. Humorvolle und verdrießliche, unternehmungslustige und scheue. Es gibt große Männer, damit ist diesmal nicht die Körperlänge gemeint. Kleine Männer können groß sein. Genauso gibt es große Frauen.

Und es gibt neue Männer. Haben Sie schon mal einen neuen Mann gesehen? Offensichtlich ist das eine ganz besondere Gattung. Wer als Mann vom neuen Mann spricht, scheint meist selbst keiner zu sein. Wer indessen dem Anforderungsprofil des neuen Mannes entspricht, weiß es oft selber nicht. Oder es ist ihm egal.

Männer und Frauen, Frauen und Männer – Begierde und Verlangen, Sehnsüchte und Träume, erfüllte und unerfüllte. Zugleich Minenfeld und Schauplatz für den Krieg der Geschlechter. Zeiten der Leidenschaft und Erfüllung, des Erfolgs und des Glücks wechseln mit Verletzungen und Niederlagen. Wo gekämpft wird, kommt es zu Angriffen, Überfällen, Hinterhalten. Unweigerlich führen Attacken zu Verteidigung und Sich-Verstecken, zu Rückzug hinter Schutzmauern oder Flucht. Auf beiden Seiten. Das Ergebnis erbitterten Streits ist am Ende leider allzu häufig Gewalt. Jeder fühlt sich als Opfer. Die Kämpfer bleiben mit heftigen Wunden zurück. Oder sie sitzen auf einem Sack ärgerlicher Gefühle: Wut, Schmerz, Enttäuschung, Niedergeschlagenheit, Feindseligkeit, Hass. In Paarbeziehungen muss, wer den anderen besiegt, meist teuer dafür bezahlen.

Allerdings: das Spiel der Geschlechter ist nicht immer nur traurig oder tragisch. Oft genug ist es auch komisch. Es lädt zum Parodieren und Witze reißen geradezu ein. Was wäre die Weltliteratur ohne männlich-weibliche Verwicklungen? Worüber würde in Kabaretts noch gespottet oder gelacht? Außerdem ist das Thema einfach unerschöpflich. Frauen und Männer werden nie miteinander fertig. Also, noch ein Buch über Männer (und damit zugleich auch eins über Frauen)? Ja. So gewiss dies nicht das erste Männerbuch ist, so sicher wird es nicht das letzte sein. Wetten?

Bestseller leben von Vereinfachungen. Manche Bilder oder Beschreibungen sind arg simpel, der angebliche Tunnelblick der Männer zum Beispiel. Die angebliche Dummheit der Blondinen ist vielleicht auch nur eine Rache von Männern, die bei Frauen nicht landen. Auch die Behauptung »Frauen lieben zu viel und Männer lassen lieben« ist eine sehr grobe Zuschreibung. Werden Männer auf dem Mars angesiedelt und Frauen auf der Venus, so dürfte man sich eigentlich nicht darüber wundern, dass sie Beziehungsprobleme haben und sexuell frustriert sind. Und doch, wenn man Vereinfachungen mit Humor nimmt, treffen sie oft den Nagel auf den Kopf. Wenn auch nicht in jedem Fall und nicht für alle Männer (oder Frauen). Sie machen etwas deutlich, selbst wenn sie überzeichnen. Wie oft haben bei Vorträgen viele (nicht alle) Frauen herzlich gelacht, wenn ich sagte: »Männer haben keine Probleme. Männer lösen Probleme – das ist das Problem.« Und viele (nicht alle) Männer haben leicht irritiert geschaut, einige sogar geschmunzelt. So möge man mir den Buchtitel verzeihen. Ich will damit nicht Männer festschreiben. Ich möchte etwas schildern, was mir im Gespräch mit Männern und Paaren häufig begegnet.

In meinem Beruf höre ich Männern zu und rede mit ihnen. Als Berater begleite ich Paare bei ihren Versuchen, sich aus-

einanderzusetzen und zusammenzufinden, aufeinander zuzu-
gehen oder voneinander loszukommen. Mein Eindruck ist jedes Mal: Ich begegne nicht Männern, sondern stets einem einzelnen Mann, einer einzelnen Frau, einem ganz besonderen
Paar. Selbst in Männer- oder Frauengruppen habe ich das
Empfinden: Mir tritt ein Einzelner, eine Einzelne gegenüber.
Jeder ist er oder sie selbst. Keiner ist wie der andere. Jeder ist
eine eigene Persönlichkeit, mit seiner eigenen Herkunft und
Geschichte, seinen Gedanken und Überzeugungen, mit einem
ganz eigenen Entwurf zu leben, zu fühlen, zu handeln, in seinem Körper und in der Welt zu sein. Und doch gibt es bei vielen Männern (und auch Frauen) Verhaltensweisen, die einander gleichen. Oftmals haben sie auch vergleichbare Folgen. Das
mögen nun Sackgassen sein oder Auswege aus Engpässen.

Es gibt sie tatsächlich: Männer, die Probleme nicht haben,
sondern sie nur lösen. Und es gibt mehr davon, als man denkt.
Darum habe ich dieses Buch geschrieben. Mag sein, Sie erkennen sich (oder Ihren Partner) an der einen oder anderen Stelle
wieder. Wenn Sie dann schmunzeln oder lachen, weil Sie sich
eingestehen: So ähnlich ist es auch bei uns, dann haben Sie zugleich den Trost: Sie sind damit nicht allein auf der Welt.

Wir haben an seinem Geburtstag geheiratet,
damit er den Hochzeitstag nicht vergisst.

11

1

Reden

Wenn die Sonne untergeht

»Wir sollten mal über unsere Beziehung reden!«, sagt sie.

Sie sitzen im Wohnzimmer. Es ist Abend. Der Tag war lang und anstrengend für ihn. Im Betrieb gab es Ärger, mal wieder. Der Chef hat gestresst und Druck gemacht. Auf der Heimfahrt dann auch noch Stau. Jetzt ist er müde. Er sehnt sich nach Ruhe. Ein Bier. Fernsehen. Ein schöner entspannter Abend. Das ist, was er jetzt braucht. Nur keine Konflikte.

Über die Beziehung reden. Auch das noch. Was soll das schon bringen? Gut, sie hat recht. Die Beziehung ist nicht mehr wie früher. Wir sind aber auch nicht mehr so taufrisch wie am Anfang, denkt er. Das ist eben so. Da kann man nichts machen. Wozu darüber reden? Reden ist ja nun wirklich das Letzte, was da hilft.

Seine Hand zuckt zur Fernbedienung. Aber er hält sich zurück. Wenn er etwas gelernt hat in 17 Ehejahren, dann dies: Wenn sie reden will und er den Fernseher einschaltet, ist die Hölle los.

Dass von ihm nichts kommt, das kennt sie ja nun schon. Sie hat ebenfalls einen anstrengenden Tag hinter sich. Auf der Arbeit war die Stimmung ebenfalls nicht so toll. Kommt sie dann nach

13

Hause, so stürzt der Haushalt auf sie ein. Die Kinder haben die Küche als Saustall hinterlassen. Die sind inzwischen auch in einem schwierigen Alter.

Das wäre alles gar nicht so schlimm, wenn sie sich darüber austauschen könnte. Eine Tasse Kaffee trinken oder ein Glas Bier und einfach ein bisschen nett miteinander reden. Aber wenn er zur Tür hereinkommt so wie heute, sieht sie gleich: Da wird nichts draus. Er ist müde, er ist zu. Er trägt einen unsichtbaren Schutzanzug. Der sagt: »Rühr mich nicht an. Lass mich in Ruh.« Da kommt sie nicht an ihn ran. Da fühlt sie sich abgewiesen. Wenn sie etwas gelernt hat in den 17 Jahren, in denen sie jetzt schon zusammenleben, dann dies: Wenn er nicht reden will und sie will reden und sie drängt ihn, dann wird alles nur noch schlimmer.

Doch sie hält es nicht mehr aus. So kann es ja nun nicht ewig weitergehen. Irgendwann muss sie mal ihren Mut zusammennehmen und die Situation ansprechen. Sonst stirbt die Beziehung völlig ab. Darum hakt sie nach. Mit etwas mehr Nachdruck. Ihre Stimme einen halben Ton höher.

»Wir sollten mal über unsere Beziehung reden!!«

Inzwischen ist er so weit, dass er reagieren kann. Er rafft sich auf.

»Hm«, macht er.

Was soll denn das nun heißen? Ist das alles, was er zu sagen weiß? Ein »Hm«, das reicht ja nun wirklich nicht.

»Hast du gehört? Wir sollten mal über unsere Beziehung reden!!!«

Am liebsten würde er aufspringen und raus rennen, in den Hobbykeller, in die Kneipe, egal, irgendwohin. Nur weg. Aber er spürt: Das bringt jetzt auch nichts mehr. Ohne groß nachzudenken, weiß er: Wenn er jetzt aufsteht und verschwindet, dann kommt sie hinterher. Dann wird alles nur noch schlimmer. Dann kriegen es auch noch die Kinder mit. Oder die Nachbarn.

Darum macht er, obwohl total kaputt, einen übermenschlichen Kraftakt. Er stellt sich ihrem Drängen: Er haut nicht ab, er läuft nicht fort. Er bleibt und sagt:«Dann red' doch!»

Wenn sie unbedingt reden will, dann soll sie es tun. Sie lässt sich davon ja eh nicht abhalten. Er weiß zwar nicht, was sie will. Aber er ahnt schon, was jetzt kommt: Unzufriedenheit. Jammern, dass es nicht mehr so ist wie früher. Klagen. Vorwürfe. Er kriegt mit: Sie ist frustriert, enttäuscht. Immer wenn sie mit ihm reden will, dann hört er: Sie will mir Vorwürfe machen. Dass ich nicht so bin, wie sie sich vorgestellt hat, dass ich bin. Doch dafür kann ich nichts, denkt er. Unwillkürlich geht er in Deckung, duckt sich weg.

Das spürt sie. Sie will nicht, dass er zumacht. Denn das nützt ihr nichts. Sie wünscht, dass er sich öff-net. Dass er sich ihr zuwendet. Er schaut sie nicht einmal an. Er dreht die Fernbedienung in den Händen und starrt vor sich hin. Wie soll da ein Gespräch zustande kommen? Wie soll da Nähe entstehen? Wenn er so abweisend dasitzt?

Enttäuschung macht sich breit in ihr und Ärger. Immer soll sie den Anfang machen beim Reden. Stets müssen die Anstöße von ihr kommen. Ergreift sie dann die Initiative, so reagiert er wie ein halbtoter Fisch. Sie kann sich nicht mehr zurückhalten. Es brodelt in ihr. Wieder einen halben Ton höher stößt sie hervor: »Du bist ja gar nicht bereit zum Gespräch!«

 Das ist ja jetzt die Höhe, denkt er. Hat er etwa keinen ruhigen Abend verdient? Er hat ihr doch gesagt, sie soll reden. Wenn es schon sein muss, reden, dann soll sie doch endlich loslegen. Damit sie es hinter sich bringen. Die Champions League hat auch schon angefangen.

»Ich bin doch da!!«

Sein leicht genervter Ton ist nicht zu überhören. Miese Atmosphäre macht sich im Zimmer breit. Der Ärger hat beide angesteckt.

»Wie du schon dasitzt! Du bist gar nicht wirklich bereit!«, faucht sie.

 »Und ich hatte mich so auf einen schönen Fußballabend gefreut!«, rutscht es ihm raus, halb resigniert, halb vorwurfsvoll. Zack, jetzt hast du's ihr gegeben, meldet eine Stimme in seinem Hinterkopf.

»Genau, was ich mir gedacht habe! Fußball ist dir viel wichtiger als ich!!«

 »Mein Gott!«, entfährt es ihm. Aber der kommt jetzt auch nicht zu Hilfe.

Die Gefühle werden heftiger, die Sätze immer kürzer. Die Haltung ist gespannt, die Köpfe werden rot, der Blutdruck steigt. Bis zum Höhepunkt fehlt nicht mehr viel.

In Kürze wird sie schreien: »Hör endlich zu!«

 Er wird zurückblaffen: »Hör endlich auf!«
Oder umgekehrt. Oder beide gleichzeitig.

Voll Wut verlässt sie den Raum. Immer dasselbe!
Warum können sie bloß nicht miteinander reden?
Warum?

 Und er denkt, während ein Knopfdruck den Bild-
schirm anschaltet und die Geräuschkulisse der
Fußballfans das Wohnzimmer füllt: »Ich hab's doch
gewusst! Reden – wozu? Reden bringt nichts!«

Beide haben geredet in dieser Szene, ausgesprochen lebhaft
sogar. Bloß, was haben sie sich gesagt? Hatten sie sich etwas
zu sagen?

Wenn sie endlich sagen würde, was sie will

Früher, denkt sie in der Küche, während sie sich
zur Beruhigung einen Tee macht, haben sie doch
miteinander diskutieren können. Sie entsinnt sich
noch genau. Sie saßen im Park und am See, im
Frühling, im Sommer. Sie waren verliebt. Er war
aufmerksam und liebevoll. Er hat um sie geworben. Er wollte immer in ihrer Nähe sein. Er hat sie
angelächelt. Er konnte nicht genug davon kriegen,
sie anzuschauen. Ganz viel Zeit haben sie miteinander verbracht. Er war zärtlich mit mir – was er
ihr nicht alles gesagt hat! Sie haben miteinander
geredet. Sie hat ihm ihr Herz ausgeschüttet – und
er hat zugehört. Alles haben sie sich erzählt! Ja sicher, schon damals war er ein Fußballnarr. Ein ak-
tiver Fußball-Zuschauer, verbessert sie sich. Als

17

ein Spiel übertragen wurde, das er unbedingt sehen wollte, kam er und fragte ganz lieb und vorsichtig: »Hast du nicht Lust, das mit mir zusammen anzugucken?« Da haben sie Fußball geschaut und dabei gekuschelt. Sie waren zusammen, es war wunderbar.

Warum, verflixt noch mal, können sie das jetzt nicht mehr: miteinander reden? Sie versteht absolut nicht, warum sie sich nicht mehr verstehen!

 Früher, denkt er beim Pinkeln in der Halbzeitpause, hat es doch prima geklappt zwischen ihnen. Sie haben sich doch verstanden! Sie hat ihn in Ruhe Fußball gucken lassen, sie war sogar dabei. Es war kein Problem! Was haben sie nicht alles gemeinsam gemacht! Alles hat sie ihm erzählt, was ihr durch den Kopf ging. Manchmal hat er gar nicht mehr richtig zuhören können. Aber sie war so hübsch, wenn sie sich über etwas aufgeregt hat. Mit den Fäusten hat sie gefuchtelt, eine steile Falte auf der Stirn. Da musste er sie einfach immer anschauen.

Jetzt will sie immerfort reden. Wozu? Wenn er das nur wüsste. Alles, was er hört, ist: Du bist so anders geworden. Aber das stimmt überhaupt nicht. Er ist nicht anders. Sie haben schon damals nicht nur geredet. Manchmal haben sie einfach beisammen gesessen, ganz nahe, sein Arm um sie geschlungen, ihr Kopf an seiner Schulter, haben nichts gesagt und waren glücklich.

Warum, verflixt noch mal, will sie jetzt dauernd reden? »Über unsere Beziehung!« Was soll denn das heißen? Ein konkretes Problem, ja, darüber könnte man reden. Dann könnte man auch was machen. Doch er weiß wirklich nicht, was sie will. Wenn sie das mal sagen würde. Er ist sich sicher, sie weiß es selber nicht!

2

Sich binden

Früher, da waren beide frisch verliebt. Da waren sie noch verrückt aufeinander, weil die Hormone verrückt spielten. Jeder zeigte sich von seiner besten Seite. Sie haben umeinander geworben. Jeder hat sich um den anderen bemüht.

Früher – diese Zeit taucht bei Paaren immer wieder auf. Entweder zaubert sie ein Lächeln auf die Gesichter, wärmt die Herzen und lässt Schmetterlinge im Bauch flattern. Oder sie dient als Kontrast zu einem Beziehungsalltag, der mühsam und grau geworden ist. Diese besonderen Wochen und Monate, in denen man den anderen entdeckt und sich in ihn verliebt, werden unwillkürlich zum Maßstab. Den legen die Partner an den anderen und sein Verhalten an. Durch diese goldene Brille blicken die Paare auf ihre Beziehung und ihre Gemeinsamkeit, später, in schwierigen Zeiten. Entsprechend bewerten und beurteilen sie dann den anderen.

Sich anstrahlen

Die Phase der allerersten Verliebtheit wird damit, bewusst oder unbewusst, zum Modell für glückliches Zusammensein. Das ist eigentlich unfair. Denn gewöhnlich ist es eine außergewöhnliche Zeit. Wie Geburtstag, Weihnachten und Urlaub auf einmal. Die Hormone drücken jedem der Verliebten einen Scheinwerfer in die Hand. Mit dem strahlt der eine den anderen an. Verliebte setzen sich gegenseitig in goldenes Licht. Sie sind hellsichtig – sie bringen die positiven Möglichkeiten des anderen zum Leuchten.

Nun kann man aber nicht sein ganzes Leben lang frisch verliebt sein. Mit der Zeit wird die Batterie dieser speziellen Lampe schwächer, die Verliebtheitsenergie lässt nach. Der goldene Glanz verblasst, nicht selten schwindet er völlig. Daher ist es, wie gesagt, eigentlich ziemlich unfair, den Zustand der frühen Verliebtheit zum Maßstab zu machen, mit dem man das Glück in Beziehungen misst. Doch was lässt sich gegen die Gewalt der Sehnsucht schon ausrichten? Nach Verliebtheit sehnen sich fast alle Paare. Dies ist die Zeit, die sie sich später in Erinnerung rufen. Die sie sich vorhalten, wenn es nicht so gut läuft.

Wie das kommt? Es hat damit zu tun, dass Menschen sich normalerweise nachhaltiger von Erfahrungen und Verhalten überzeugen lassen als von allen Worten und Versprechungen. In der Phase erster Verliebtheit machen die Liebenden Erfahrungen miteinander. Sie erleben, sehen, spüren, fühlen das Verhalten des anderen. Das prägt sich tief in ihr Bewusstsein ein.

Verliebte verbringen Zeit miteinander, angenehme Zeit, so viel wie möglich. Sie haben auch (fast) immer Zeit füreinander. Sind sie nicht beisammen, so sehnen sie sich nacheinander. Der andere fehlt ihnen. Sie suchen seine Nähe. Ist er oder sie da, so lächeln sie sich an. Sie schauen sich in die Augen. Sie sind zärtlich miteinander. Sie sagen sich Worte der Liebe und Zuneigung. Sie öffnen einander ihr Herz. Sie reden miteinander, sie hören sich zu. Auch wenn sie nicht zuhören, während der andere redet, so laufen sie doch nicht fort oder machen dicht. Sie bleiben in der Nähe des Geliebten. Schafft die Eigenart des einen oder des anderen Reibungsflächen oder Konflikte, so stört das zu Beginn meist wenig. Die meisten Paare nehmen kleine Eigenheiten des anderen mit Geduld oder Humor hin, am Anfang. Nicht selten finden sie die Eigenarten des anderen sogar sympathisch und entschuldigen sie. Oder sie necken sich damit.

Wenn Verliebte wiederholt glückliche Stunden miteinander verbringen, wenn sie den anderen, immer wieder, als Quelle des Glücks empfinden, dann legen diese positiven Erlebnisse und Erfahrungen Spuren in ihrem Gehirn. Ohne groß darüber nachzudenken gehen sie davon aus: Es wird immer so weitergehen; die Zukunft wird immer so sein. Aus Erfahrungen mit dem Partner werden unversehens Erwartungen an den Partner: Was ich jetzt mit dir erlebe, werde ich auch in Zukunft mit dir erleben. Denn wie du dich heute zeigst, so bist du. Unter der Hand, ohne dass die Partner viel darüber reden, ja sogar ohne dass sie sich darüber so recht im Klaren sind, werden aus Erfahrungen und Erwartungen Ansprüche an den anderen, an sein Verhalten und seinen Charakter.

Versprechen und erwarten

Jeder Wunsch, jedes unbewusste Bedürfnis, das die Verliebten sich erfüllen, hat den Charakter eines Versprechens. Und eines Auftrags: sich dieses Bedürfnis auch in Zukunft fraglos zu erfüllen. Mit Worten, Blicken oder Gesten sagen Verliebte einander: »Ich liebe dich!« Nur drei Worte, eine himmlische Botschaft. Zugleich allerdings, ohne dass die glücklich Verliebten es so richtig mitbekommen, die Unterschrift unter ein emotionales und soziales Tauschgeschäft, eine Übereinkunft, die beide Partner für die Zeit ihres Zusammenlebens bindet. Die Erwartungen und Ansprüche an den anderen werden unter der Hand zu verpflichtenden Zusagen, wechselseitig.

Paare, die beschließen »Wir leben und gehören jetzt zusammen«, gehen einen Partnervertrag ein. Ich betone noch einmal: in der Regel ohne dass sie das so richtig bemerken. Sie merken es nicht, weil dieses Abkommen meist völlig unausgesprochen vereinbart wird und fast immer ungeschrieben bleibt. Heute ist viel davon die Rede, bei der Wahl des Partners spielten romantische Liebesvorstellungen eine große Rolle. Romantische Liebe, so wird gesagt, biete nun einmal für eine dauerhaft stabile Paar- und Familienbeziehung eine eher wackelige Grundlage. Mag ja sein, dass über der Partnerwahl von zwei Verliebten gegenwärtig mehr als in früheren Jahrhunderten ein romantischer Schimmer liegt. Doch einigen sich Verliebte, die zusammenleben wollen, nicht bloß auf den Austausch romantischer Liebesgefühle. Stillschweigend schließen sie auch einen Handel ab, der sie knallhart bindet und im Alltag der Beziehung ganz konkretes Verhalten von ihnen fordert. Zumindest gehen sie ganz selbstverständlich davon aus, dass der andere sich an die Verpflichtungen halten wird, die er eingegangen ist.

Hauptinhalt des unbewussten Paarvertrages ist das Versprechen: Wir befriedigen uns gegenseitig unsere grundlegenden Bedürfnisse im Alltag. Ich möchte mit dir zusammen sein – du möchtest das auch. Ich sehne mich nach deiner Nähe – auch du wünschst dir nichts sehnlicher, als bei mir zu sein. Du möchtest mich kennen lernen. Ich habe dir auch ganz viel mitzuteilen. Ich will alles von dir wissen. Du erzählst mir gerne, was du denkst und fühlst. Kontakt mit dir ist wunderbar, darum werden wir dauernd in Kontakt sein. Ich mag dich, wie du bist. Es tut gut zu wissen, dass auch du mich genau so magst, wie ich bin. Ich will dir nicht wehtun, denn ich liebe dich. Darum möchte ich auch nicht, dass du mir wehtust. Wenn es einmal schwierig wird im Leben, werden wir zueinander stehen. Ich kann darauf bauen, dass du mir Zuneigung und Wertschätzung schenkst, liebe Worte sagst und mir vertraust. Dass wir uns liebevoll und achtsam begegnen, den anderen respektieren, aber auch gemeinsam Zärtlichkeit und Lust erfahren, Sex und Leidenschaft. Wir werden Feste feiern und zusammen Urlaub verbringen. Wir werden zu zweit durchs Leben gehen. Wir werden die Aufgaben, die der Alltag mit sich bringt, so miteinander teilen, dass jeder von uns auf seine Kosten kommt. Denn wir sind füreinander da: Ich für dich und du für mich. Ich befriedige dir deine Bedürfnisse und du befriedigst mir meine.

Das Kleingedruckte übersehen

Sicher haben Sie schon einmal einen Spar- oder Kreditvertrag unterzeichnet oder beim Erwerb eines Mobiltelefons, eines Autos einen Kaufvertrag abgeschlossen. Haben Sie auch das Kleingedruckte gelesen? Bis zum Ende? Häufig verlässt selbst gewissenhafte Menschen, die sich fest vorgenommen hatten, nichts zu unterschreiben, ohne alle Bedingungen zur Kenntnis genommen zu haben, nach einer Weile die Geduld. Sie unterzeichnen und hoffen: »Wird schon stimmen.« Immerhin, Sie wissen wenigstens, dass es das Kleingedruckte gibt. Im Konfliktfall könnten Sie da noch einmal nachlesen.

Wie aber, wenn Sie das Kleingedruckte nicht mehr finden? Oder – schlimmer noch – wenn Sie der festen Überzeugung sind: Kleingedrucktes gibt es nicht – es war doch alles klar? Niemand erfüllt gerne Vertragsbedingungen, die er nicht versteht. Keiner kommt bereitwillig Auflagen nach, mit denen er nicht einverstanden ist, die ihm spanisch vorkommen. Noch problematischer wird es, wenn Sie von den Abmachungen, an die Sie sich halten sollen, gar nichts wissen. Probleme, die man nicht kennt, kann man nicht lösen.

Nun gibt es im Supermarkt der Verliebtheit allerhand zu bestaunen und zu erwerben. Doch für den Vertragstext, den die meisten verliebten Paare sich dort besorgen, existiert im Wesentlichen nur ein Standardformular. Es geht davon aus, die Partner verlangen nach Einssein und ganz viel Nähe – so als wollten sie die Erfahrungen der frühen Verliebtheit in alle Ewigkeit verlängern. Damit Sie wissen, worauf Sie sich bei der

Partnerwahl eingelassen haben, möchte ich einmal die wichtigsten Klauseln in Ihrem Beziehungsvertrag aufzählen, für alle Fälle. Von denen glaubt zumindest Ihre Partnerin, Ihr Partner, Sie haben die auch unterschrieben.

Du stehst mir zur Verfügung

§ 1 Wir **verstehen** uns **ohne Worte**. Wir wissen voneinander, was wir fühlen, denken und wünschen, auch ohne es mitzuteilen. Bisher haben wir uns meistens wortlos verstanden. Darum werden wir uns selbstverständlich auch in Zukunft wie von selbst verstehen.

§ 2 **Unterschiede** zwischen uns **stören nicht**. Wir passen zusammen. Wir ergänzen uns. Darum werden uns Unterschiede auch in Zukunft nicht stören.

§ 3 Du erfüllst mir alle meine Wünsche, Bedürfnisse und Sehnsüchte, die ich **als Frau** habe. Du liebst mich so, wie ich mich als Frau verhalte und bin.

§ 4 Du erfüllst mir alle meine Wünsche, Bedürfnisse und Sehnsüchte, die ich **als Mann** habe. Du liebst mich so, wie ich mich als Mann verhalte und bin.

§ 5 Zwischen uns herrscht **vollständiges Vertrauen**. Ich vertraue dir. Du vertraust mir. Wir vereinbaren: Vollständiges Vertrauen ist die Basis unserer Beziehung, heute und natürlich auch in Zukunft.

§ 6 Zwischen uns herrscht **totale Offenheit**. Ich öffne dir mein Herz. Du öffnest mir dein Herz. Zwischen uns gibt es keine Geheimnisse. Jeder von uns hat Anspruch auf die totale Offenheit des anderen. Du wirst mir auch künftig immer dein Herz öffnen. Ich werde dir natürlich auch in Zukunft immer alles sagen können.

§ 7 Vollständiges Vertrauen und totale Offenheit bieten jedem von uns **absolute Sicherheit**. Du kannst dich bei mir sicher fühlen. Ich fühle mich sicher bei dir und geborgen. Ich werde mich bei dir auch in Zukunft stets sicher fühlen. Konkret: Ich bin mir sicher, dass ich dich liebe und dass du mich liebst. Nie wirst du jemand anderen so lieben wie mich.

§ 8 Wir sorgen gegenseitig dafür, dass es uns **immer gut geht miteinander**, dass wir uns unterstützen bei der Bewältigung des Alltags und dass jeder von uns das bekommt, wonach er sich sehnt: im Blick auf Zusammensein und Nähe, Aufmerksamkeit und Rücksicht, Zärtlichkeit und Zuwendung. Als Verliebte haben wir die Erfahrung gemacht, dass das klappt: Das wird auch in Zukunft klappen wie bisher.

§ 9 Wir stehen uns gegenseitig **jederzeit zur Verfügung**. Wenn du mich brauchst, bin ich für dich da. Wenn ich dich brauche, bist du für mich da. Du wirst auch in Zukunft zu jeder Zeit für mich da sein.

§ 10 Unsere Liebe hält unsere Beziehung lebendig, ohne dass wir dafür etwas unternehmen müssten. Solange wir uns gut verstehen, wird das auch so bleiben. Darum: **Wir brauchen für unsere Beziehung nicht einmal etwas zu tun.**

Konto führen

Anfangs, wenn Liebende beschließen zusammenzuleben, leiht ihre Liebe ihnen Flügel. Sie schenkt ihnen jede Menge Energie. Wenn sie sich gut verstehen, kann diese Energie eine ganze Weile vorhalten. Auf Dauer sind Paare allerdings nicht vor Missverständnissen geschützt. Sich stets ohne Worte zu verstehen funktioniert nach einer Weile nicht mehr so recht. Missverständnisse lassen sich schlecht wortlos aufklären. Oder die Partner bemerken, dass ihre Bedürfnisse doch unterschiedlicher sind, als sie dachten. Männer wollen, was Männer sich wünschen. Frauen wollen, was Frauen sich wünschen. Diese Wünsche und Vorstellungen lassen sich nicht mehr problemlos unter einen Hut bringen. Oder die Paare nehmen wahr, dass der Partner ihnen nicht immer genau dann zur Verfügung steht, wenn sie das möchten. Dass auch sie dem Partner nicht immer genau dann zur Verfügung stehen können oder wollen, wenn er das erwartet. Oder sie machen die – schmerzliche – Erfahrung, dass sie sich aus den Augen verlieren und einander fremd werden, wenn sie sich nicht füreinander Zeit nehmen und ihre Liebesbeziehung gezielt pflegen.

Auch bei bestem Willen schleichen sich mit der Zeit Irritationen in den Beziehungsalltag ein, kleine und größere. Meist stellt sich dieses Empfinden bei einem der Partner früher oder deutlicher ein. Ihm stößt auf: »Ich komme nicht mehr auf meine Kosten. Ich komme zu kurz!« Was die Partner nicht wissen: Seit sie beschlossen haben zusammenzuleben, führt jeder von ihnen Buch. Ihre Seele (oder ihr Herz) funktioniert genau wie eine Bank. Ohne dass es ihnen groß zu Bewusstsein kommt, registriert ihr Inneres laufend: »Bekomme ich in unserer Beziehung, was ich brauche? Kriege ich, worauf ich Anspruch habe? Komme ich (noch) auf meine Kosten?« Mit anderen Worten: Im Moment der Partnerwahl eröffnen die Partner Beziehungskonten. Ein positives: Da werden die Zuwendungs-, Zärtlichkeits- oder Streicheleinheiten gezählt, die man erhält. Ein negatives: Dort werden Frust und Ärger, Unzufriedenheit und Enttäuschungen festgehalten.

Zu Beginn der Beziehung ist das positive Konto in der Regel gut gefüllt. Der Überschwang der ersten Liebe zahlt auf dieses Konto überreichlich ein, bei beiden. Wer reichlich bekommt, kann auch reichlich geben. Wer wie im Rausch aus dem Vollen schöpft, kommt gar nicht auf den Gedanken, nachzurechnen. Darum nehmen die Paare anfangs nicht einmal wahr, dass sie Zufriedenheitskonten führen. Liebe macht blind, sagt der Volksmund, das Zusammenleben jedoch sei ein guter Augendoktor. Ganz blind sind Liebende indessen nicht. Sie nehmen Eigentümlichkeiten, Ecken, Kanten des Partners durchaus zur Kenntnis. Etwa: Dass sie immer ein bisschen verspätet kommt. Dass er alles immer ein bisschen besser weiß (oder umgekehrt). Dass sie gerne in Gefühlen badet. Dass er gerne angibt. Dass sie immer streng auf Ordnung hält. Dass er seine Sachen immer herumliegen lässt (oder umgekehrt). Doch was macht das schon. Wir sind glücklich miteinander. Die positiven Guthaben sind übervoll. Da fällt so eine kleine Belastung des Negativkontos nicht weiter ins Gewicht. Außerdem leben Liebende mit der Hoffnung und Gewissheit (oder Illusion): »Mit der Zeit wird sich die Eigenart des Partners schon geben. Unter meinem guten Einfluss wird er sich ändern. Ich werde ihn ändern!«

Bilanz ziehen

Dann kommt unweigerlich, wie schon geschildert, der Alltag. Arbeit, Beruf, Haushalt, Kinder, vielleicht auch noch Garten, Geldsorgen, Hausbau, Hobbys, Konflikte im Job, Stress durch borniertes Chefs oder Arbeitslosigkeit, Eltern pflegen, Verpflichtungen, Verein, Schulden, Gesundheitsprobleme, Belastungen. Und anderes.

Der Alltag bringt so seine Überraschungen mit sich. Beim ersten Mal findet sie es vielleicht noch süß, wenn er für Oktober einen Urlaub auf Zypern bucht und dabei übersehen hat, dass das mitten in der Schulzeit des Sohnes liegt. Geschieht es ein zweites Mal, so ist es nicht mehr süß, sondern bloß noch ärgerlich. – Am Anfang fand er es richtig sympathisch, dass am Abend, wenn er von der Arbeit heimkam, zu Hause so eine gemütliche Atmosphäre herrschte: Es roch nach Kaffee, sie saß mit ihren Freundinnen zusammen und klönte. Inzwischen geht ihm auf den Geist, dass die da jeden Abend sitzen. Denn er wünscht sich auch einmal ein ruhiges Heim, in dem er sich erholen kann, wenn er müde ist. Oder er wünscht sie auch mal für sich ganz allein.

So sorgt der Lauf der Zeit für Angenehmes und Enttäuschungen. Das gemeinsame Leben ist mal mehr, mal weniger befriedigend, bisweilen aber auch anstrengend. Routine und Müdigkeit schleichen sich ein. Hin und wieder denkt man an früher.

Keiner merkt so richtig, wenn das Beziehungskonto ins Minus geraten ist, möglicherweise schon seit geraumer Zeit. Keiner hat sich gerührt. Gebrummt schon und herumgemosert. Doch nicht wirklich auf Veränderung gedrängt. Immer noch schwebt ein Hauch von jener Hoffnung durch die Wohnung: Probleme zwischen uns lösen sich von selbst. Es gibt ja wirklich auch gute Gründe, nicht über Unangenehmes zu reden: die Befürchtung, das schaffe bloß miese Stimmung; die Erfahrung, Enttäuschungen auszusprechen führe nur zu weiteren Enttäuschungen. Menschen fürchten mehr, was sie nicht kennen, als was sie erdulden.

Bis es einer nicht mehr aushält. Wenn die Probleme nicht mehr zu übergehen sind, wenn der Konflikt da ist. Da wird der unbewusste Paarvertrag hervorgeholt. Mit einem Schlag erhält das Kleingedruckte große Bedeutung. Das Kleingedruckte – das sind die harten Fakten.

Jeder schaut in den Vertragstext von früher hinein. Jeder liest ihn, jeder durch seine eigene Brille. Jeder findet, dass er recht hat. Hatten wir nicht ausgemacht, dass du mir gibst, was ich brauche? Habe ich etwa nicht Anspruch darauf, dass wir nett miteinander reden, in einer Atmosphäre von Interesse und Zugewandtheit? Wie einst? Habe ich etwa keinen Anspruch auf Ruhe und Entspannung, auf Spaß beim Sex? Wie einst? Also:

- Weil ich jetzt genervt bin, musst du mir auf der Stelle zuhören.
- Weil ich jetzt Sex will, musst du auch jetzt Sex wollen.
- Weil ich heute Abend tanzen will, gehst du heute Abend auch tanzen.
- Weil ich Sahnetorte liebe, liebst auch du Sahnetorte.

Wirklich?

Wenn das Liebeskonto überzogen ist, herrscht an Vorwürfen kein Mangel. Was sind Vorwürfe? Wie schon erwähnt: Ich lege die Messlatte meiner Erwartungen und Wünsche, die ich »im Bauch« oder im Kopf mit mir herumtrage, an den anderen an und stelle fest: Defizit. Er oder sie erfüllt nicht, womit ich doch rechnen kann. Worauf ich Anspruch habe. Was wir uns doch versprochen haben, früher.

Jeder hat recht, aus seiner Sicht. Keiner versteht, warum der andere das absolut nicht versteht.

3

Überleben

Beide wollen überleben. Darum geht es.

Schon vor der Geburt. Jeder wächst erst einmal im Mutterleib heran. Noch ist der neue Mensch nicht fertig. Zu Beginn könnte er ohne Mutter nicht überleben. Sie trägt ihn. Sie nährt ihn. Sie wärmt ihn. Sie schützt ihn. Das heranwachsende Menschenleben schwingt mit in den Tätigkeiten und Bewegungen der Mutter. Auf sie ist er eingestellt. Er kennt ihren Geruch. Zwangsläufig hat er teil an ihrem Leben. Ihre Nahrung ist seine Nahrung. Ihre Erfahrungen werden zu seinen Erfahrungen. Er bekommt mit, wie ihr Herz schlägt, ob sie unter Stress steht oder locker drauf ist, ob eine gewalttätige Partnerbeziehung sie ängstigt, ob sie aufgeregt ist oder vergnügt. Genauso bekommt er mit, was sie mag und was nicht. Ob sie eher Rockmusik hört oder Mozart, denn nach der Geburt kommt ihm vertraut vor, was ihm schon vor der Geburt zu Ohren kam. Ob sie sich ausreichend bewegt oder übergewichtig ist. Ob sie raucht oder trinkt, ob sie Hormone, Drogen oder Medikamente schluckt, ob sie für die Dauer der Schwangerschaft auf ihren geliebten Kaffee verzichten kann, wie die Ärzte raten. Denn ihr Blut – und Gift – durchspült auch seinen Körper und sein im Aufbau begriffenes Gehirn, fördert oder schädigt dessen Entwicklung. Er bekommt auch mit, ob sie sich ihm zuwendet und sich mit ihm unterhält, solange er noch drinnen ist.

Irgendwann ist es dann so weit. Es wird zu eng im Mutterleib. Geburt ist oft mit Stress verbunden. Ein erstes Sich-von-einander-Lösen steht an. Heranwachsen hat unvermeidlich Verlassen zur Folge, Trennungen, die befreien, damit beide gut überleben können. Die Natur schickt Boten aus, Stoffe. Als Gastgeschenk lösen sie bestimmte Wirkungen aus. Wie zum Beispiel das Hormon Oxytocin, ein Neuropeptid und Neurotransmitter. Es stiftet Vertrauen, senkt Blutdruck und Stress. Es löst die Wehen aus, den Beginn der Geburt. Es sorgt für den Milchfluss in den Brüsten und somit für die Ernährung des Säuglings. Es bringt die wohlwollenden Gefühle zustande, die die Mutter – wie den Vater – an gerade dieses Neugeborene binden.

Auch nach der Geburt lebt der Säugling meist erst einmal überwiegend in der Lebenswelt seiner Eltern, seiner Familie, wie in einer Truhe. Seine Gene, die Persönlichkeitsausstattung, die er als Erbe mitbringt, sind, wie man heute weiß, zum Zeitpunkt der Geburt noch nicht endgültig festgelegt. Die Umwelt beeinflusst und aktiviert sein genetisches Erbe. Die Atmosphäre, in die er eintritt oder hineingerät, die Empfindungen und Gefühle in Mutter und Vater, zwischen ihnen, zwischen den Geschwistern und anderen Menschen, die den Säugling umgeben, werden zur Grundlage seiner eigenen Empfindungen und Gefühle. Er nimmt auf, was er dort zu spüren, zu hören, zu sehen, zu riechen, zu schmecken bekommt. Ihre Welt wird seine Welt. Ihre Erfahrungen werden seine Erfahrungen oder lösen seine Erfahrungen aus.

Existenzielles Geschrei

Kommt die Mutterbrust oder das Fläschchen normalerweise angerannt, wenn ich rufe, oder muss ich erst lange schreien (und Angst haben, dass ich umkomme)? Bin ich von aufmerksamer Zuwendung umgeben? Oder muss ich von klein auf selber dafür sorgen, dass man mich beachtet? Muss ich mir mein Lebensrecht durch dauerhaft lautstarkes Brüllen gar erkämpfen (und dabei Todespanik erleiden)? Die frühen Erfahrungen legen, wenn sie sich wiederholen, erste Spuren im jungen, noch nicht voll entwickelten Gehirn. Später, als Kind, als Jugendlicher, als Erwachsener werden meine Empfindungen wie von selbst auf diesen einmal angelegten Autobahnen entlangfahren. Ganz selbstverständlich werde ich erst einmal die Aufmerksamkeit erwarten, die ich früh erfahren habe. Ich werde davon ausgehen, dass sich die angenehme oder unangenehme Zuwendung wiederholt: Habe ich früh überwiegend positive Streicheleinheiten erhalten, so werde ich wieder mit ihnen rechnen. Habe ich viel Negatives erlebt, so bin ich zunächst darauf eingestellt, dass sich das ebenfalls wiederholt. Ohne Luft kann man nicht atmen. Ohne Beachtung, Aufmerksamkeit, ohne ein Mindestmaß an Zuwendung kann kein Mensch überleben. Besser schlechte Luft als gar keine. Besser miese Atmosphäre als luftleerer Raum. Notfalls sorge ich dann eben selber dafür, dass die Atmosphäre mies wird oder bleibt. Das ist eine Frage des Überlebens.

Rund um die Bedürfnisse des kleinen Menschen, rund um seine Erfahrungen, wie auf diese Bedürfnisse geantwortet wird, bildet sich sein erstes Weltbild. Kann ich in Ruhe schlafen? Laufen im Hintergrund ständig Familiengeräusche oder der Fernseher? Warum erlösen die Eltern mich nicht von den heftigen Schmerzen der ersten Zähne, wo sie doch sonst so gut verstehen, was ich brauche? Wo ich doch so laut schreie, was bisher immer geholfen hat?

Ich bin in einer Welt gelandet, die mir – meist unausgesprochen – Fragen stellt: Darf ich als Junge überhaupt Schmerzen empfinden, oder sollte ich nicht so zimperlich sein? Darf ich als Mädchen genauso unbefangen herumtoben wie mein Bruder, oder muss ich eher darauf achten, ob Mama Hilfe braucht? Vom ersten Tag meines Lebens an dringt in die mich bergende Welt meiner Familie auch die Außenwelt ein: Sitten, Traditionen, wer mich wann wie mit welchen Worten kontrolliert oder in den Schlaf singt, bis hin zu Spielzeuggewohnheiten, Zuschreibungen, wie ich als Frau oder Mann im Leben einmal zu sein haben werde, Konsumterror: Mädchen rosa, Jungen blau. Überraschend schnell hinterlässt all das seine Spuren auf der noch ziemlich unbeschriebenen Festplatte meines Gehirncomputers und setzt sich dort in Schaltkreisen fest. Unweigerlich.

Inzwischen kann das Kleinkind krabbeln. Alleine vorwärts kommen oder nach hinten robben – ein überwältigendes Erlebnis. Neugier drängt zu neuen Abenteuern, das Kind ergreift alles, steckt alles in den Mund. Noch weiß der kleine Welteroberer nicht, was erlaubt ist und was nicht, was gut ist oder schlecht. Aber das lernt sich schnell. Mama oder Papa blicken nicht hin oder sagen nichts, das bedeutet: Ich kann weitermachen, ich empfinde es als erlaubt. Mama oder Papa schauen so komisch: Da wird es heikel. Denn mit Mama oder Papa will ich es nicht verderben. Das könnte bedrohlich werden. Wenn Mama oder Papa nicht mehr freundlich gucken, droht Gefahr. Dann bin ich verloren.

Haben Sie im Frühling oder Frühsommer einmal eine Schafschur erlebt? Die Mutterschafe werden geschoren und dazu vorübergehend von ihren Lämmern getrennt. Ist das ein Geblöke! In tiefer Tonlage die Muttertiere, in letzter Verzweiflung die hohen SOS-Rufe der Lämmer: »Hilfe, ich gehe unter! Ohne Mutter bin ich verloren! Ich bin von meiner Mutter getrennt, ich sterbe!« Zwei Stunden später haben Lämmer und Mutterschafe wieder zueinander gefunden und grasen in Frieden.

Tierforscher wie Konrad Lorenz berichten: Wir könnten Gössel in eine Schüssel mit Nahrung setzen – die Gänseküken würden dort verhungern, ohne richtige Gänseeltern oder ohne einen Gänseeltern-Ersatz. Frisch geschlüpfte Kleingänse ohne den Kontakt zu den Eltern sind existenziell gefährdet. Daher unternehmen sie gewöhnlich nichts, »was sie in Gefahr bringen könnte, den dichten Kontakt zu ihren Eltern zu verlieren. Ist eine solche Trennung tatsächlich einmal eingetreten, so gibt es für das Gänsekind nichts Wichtigeres, als seine Eltern wiederzufinden: Es läuft mit allen Anzeichen äußerster Erregtheit umher, wobei es lauthals ›weint‹, das heißt in stereotypem Rhythmus hohe, erstaunlich durchdringende Pieplaute ausstößt, deren Funktion es offensichtlich ist, die Eltern zu alarmieren und diesen bei der Suche nach dem Kind als Orientierungshilfe zu dienen. Die Eltern antworten übrigens ihrerseits mit einer korrespondierenden Lautäußerung, und so findet die Familie schließlich wieder zusammen.

Misslingt dies, so ist das Gössel dem Untergang geweiht: Auch wenn es nicht irgendeinem Räuber zum Opfer fällt, muss es zugrunde gehen, da es sämtliche lebensnotwendigen Verrichtungen, wie Fressen und Körperpflege, vernachlässigt: Der Drang, bei den Eltern zu sein, ist so übermächtig, dass er keine andere Motivation neben sich aufkommen lässt ... Von den Gänseeltern wird im vollen Wortsinn das erwartet, was man im Angelsächsischen einen ›full time job‹ nennt. Sie haben eben wirklich nichts anderes zu tun, als sich um die Kinder zu kümmern: es gibt weder berufliche noch gesellschaftliche Verpflichtungen, die dabei ablenken könnten« (Bischof 1994, S. 19f.).

Menschen im Säuglings- und Kleinkindalter sind viel mehr auf ihre Eltern angewiesen als Gössel und Lämmer. Am Anfang sind sie ja nicht einmal in der Lage, sich selber zu wärmen, zu ernähren oder sauber zu halten. Kein Wunder, sie bereiten sich ja auch nicht auf ein Gänse- oder Schafleben vor, sondern auf ein Leben als Mensch. Das ist weit komplizierter, dazu braucht man ein wesentlich differenzierteres Gehirn und einen zu den verschiedensten Aktivitäten fähigen Körper. Beides benötigt Jahre, um sich bis zu voller Funktionsfähigkeit auszubilden.

Dann gibt es noch einen wichtigen Unterschied. Sich um

die Kinder zu kümmern ist für menschliche Eltern heute nur ganz kurzfristig und vorübergehend ein full time job. Menschliche Eltern haben jede Menge anderer Verpflichtungen. Sie haben einen oder mehrere Jobs. Sie sollen den verschiedensten gesellschaftlichen Erwartungen entsprechen. Zu allem Überfluss haben sie auch noch eigene Interessen. Da reicht es nicht, »Piep, piep, piep!« zu machen. Will man als Kleinkind Zuwendung und Aufmerksamkeit auf sich lenken, muss man sich schon etwas einfallen lassen. Sonst geht man unter.

Durchhalten, Nerven sägen

Sie ist drei Jahre alt. Die Mutter ist sehr beschäftigt.  Beruf, Essen kochen, sauber machen, die eigene Mutter anrufen, Fenster putzen, den Bruder von der Schule abholen, ihn zum Sport oder Musikunterricht fahren, die Blumen gießen, im Internet Klamotten bestellen, den Keller aufräumen, Rechnungen bezahlen, den Garten pflegen. »Ich bin noch lange nicht fertig. Geh mal in dein Zimmer und spiel schön«, sagt die Mutter. Das hat die Tochter brav gemacht, eine ganze halbe Stunde. Jetzt wird es ihr langweilig. Sie möchte nicht immer nur alleine spielen. Sie möchte mit Mama sein. Sie möchte, dass Mama Zeit für sie hat. Sie möchte, dass Mama ihr ein Buch vorliest oder mit ihr spielt.

Darum geht sie zu Mama, ins Wohnzimmer, wo Mama telefoniert oder arbeitet oder in die Küche, und sagt: »Mamaaaaa …« Schön lang gezogen (aus Erfahrung weiß sie inzwischen: Das ist wirkungsvoller): »Mamaaaaa …, bist du fertiiiiig?« »Nein, noch nicht«, antwortet die Mutter. »Wann bist du denn fertig? Ich möchte mit dir spielen!« Aus Erfahrung weiß sie inzwischen: Wenn ich das mehrfach mache, sagt die Mutter irgendwann: »Na gut.«

Schlussfolgerung: »Nicht aufgeben, dann gibt Mama irgendwann auf. Durchhalten, dranbleiben, sonst kommst du zu nichts!«

Sie ist mit Mama zum Supermarkt gefahren, einkaufen.

»Mamaaaa, kann ich einen Lutscher haben?«

»Nein, das ist nicht gut für die Zähne«, entgegnet die Mutter.

Wenig später: »Mamaaaa, ich möchte aber einen Lutscher!« Weil die Mutter stur bleibt, wiederholt sie ihren Wunsch ein drittes Mal. Sie sagt es ein fünftes Mal, in leicht erhöhtem Tonfall, ein siebtes Mal, ein neuntes Mal. Beim elften Mal sind sie an der Kasse angelangt. Die Mutter hat viel zu tun: Sie muss den Inhalt des Einkaufswagens aufs Band packen. Sie muss die Sachen in der Tasche verstauen. Gleichzeitig soll sie bezahlen, Payback- und Kreditkarte herausholen, die Geheimzahl eingeben. In der Schlange vor der Kasse warten andere ungeduldige Kunden. Die einzige süßwarenfreie Kasse hat die Mutter verpasst, da war die Schlange so lang. An den anderen Kassen des Supermarkts sind die Süßigkeiten natürlich so verstaut, dass sie Kindern verführerisch in die Augen stechen. Vom Jammern der Tochter genervt greift die Mutter zu einem Lutscher und sagt: »Da. Sei jetzt aber still!«

Was lernt das Mädchen? »Nicht aufgeben, dann gibt Mama irgendwann nach. Durchhalten, die anderen nerven, sonst kommst du zu nichts!«

Abends kommt Papa heim. Er sitzt in seinem Sessel und spielt mit seinem Tablet. Oder er hat sich hinter die Zeitung verkrochen und liest Sport oder den Wirtschaftsteil.

»Papaaaa?«, fragt sie. »Mama hat keine Zeit. Kannst du mit mir spielen?«

Papa ist so geschockt von der Niederlage seines Lieblingsvereins oder von seinen Verlusten beim Zocken an der Börse, dass er gar nicht hinhört. Doch das ist ja nichts Neues, das kennt das Mädchen schon. Sie weiß: Ich muss dranbleiben. »Papaaaaa ....«

»Na gut«, brummt er, »komm auf meinen Schoß.«

Schlussfolgerung: »Nicht aufgeben. Du musst dranbleiben. Durchhalten. Nerven sägen! Nur so kriegst du, was du willst.«

Überlebensprogramme

Überlebensschlussfolgerungen nennt die amerikanische Psychotherapeutin Fanita English (2009, S. 50) diese mehr oder weniger unbewussten Programme. Wir entwickeln sie, um zu überleben. Vor allem in der »psychologischen Phase« unserer Kindheit. Das ist das Alter so etwa zwischen zwei und vier Jahren. Das kindliche Gehirn hat sich weit genug entwickelt, um bestimmte Verhaltensregeln bewusst oder halb bewusst zu speichern. Dieser Erfahrungsschatz bewahrt uns vor Unheil. Er ermöglicht uns, am Leben zu bleiben und heil oder zumindest möglichst unversehrt und vielleicht sogar bequem durchs Leben zu kommen. Pass auf, dass du nicht die steile Treppe hinunterfällst! Halte deine Hand nicht ins Feuer! Lege sie nicht auf eine heiße Herdplatte! Springe nicht von einer 5

Meter hohen Mauer! Renne nicht auf eine viel befahrene Straße! Beuge dich im sechsten Stock nicht zu weit aus dem Fenster!

Das Kind lernt diese Regeln von den Eltern oder anderen Erwachsenen. Die erklären auch, warum es gefährlich ist, zu nahe an einen reißenden Bach zu treten oder mit Glasscherben zu spielen. Eigene Erfahrungen bestärken uns beim Erlernen solcher Vorsichtsmaßnahmen: der Schmerz, wenn ich mich an Glas geschnitten habe, der Schreck, wenn ich einen Ball von der Straße holen wollte, auf der lebhafter Autoverkehr herrscht. Es sind Regeln, die uns körperlich vor Schaden bewahren. Meist leuchten sie auch dem Kind schon irgendwie ein – vielleicht wird es sie später einmal seinen kleineren Geschwistern erklären.

Mindestens ebenso wichtig für das Überleben sind indessen Verhaltensweisen, die über körperliche Unversehrtheit hinaus auch unser seelisches und soziales Sein und Wohlbefinden gewährleisten. Häufig bleiben sie mehr oder weniger unbewusst. Auch sie lernen wir von unseren Eltern, im Umgang mit unseren Eltern oder in Reaktion auf deren Verhalten. Wiederum geht es um Bedrohungen unserer Existenz: das Versinken in abgrundtiefer Angst und Panik, weil ich total verloren bin, wenn ich den Kontakt oder die Beziehung zu Mutter oder Vater verloren habe; die Befriedigung grundlegender Bedürfnisse, ohne die ich mich nicht gesund entfalten kann. Im Alter von zwei bis vier oder sechs Jahren ist es eben eine Existenzfrage, ob und wie ich die Beachtung und das Wohlwollen meiner Eltern und meiner Umwelt erhalte oder sicherstelle; welche Gefühle, welches Verhalten ich haben und zeigen darf oder muss bzw. auf keinen Fall haben oder zeigen darf, um die Zuwendung von Eltern und Umwelt nicht zu verlieren.

Doch auch wenn das Kind in diesem Alter ohne Fürsorge und Zuwendung der Eltern nicht überleben kann: Es ist nicht mehr ganz so abhängig wie ein Säugling. Es isst jetzt selbst. Es ist mehr oder weniger sauber. Es wird in vielem selbständiger. Es kann gehen, es kann rennen. Es beginnt, seine Individualität zu entwickeln. Es sagt oft und mit Vergnügen »Nein!« Das ist der Anfang davon, auch »ich« sagen zu können. Neugierig sein, die Welt meistern, sie erkunden, wird ebenfalls zu einer Existenzfrage (English 2000, S. 37ff.).

Begleitet Panik meine ersten Schritte, wenn ich die Welt erobere? Darf ich neugierig sein? Muss ich meine Neugier mit Verlustangst bezahlen? Lässt sich Verlustangst aushalten und überwinden? Muss ich Schuldgefühle entwickeln, wenn ich mich entwickle? Muss ich Mama beweisen, dass ich keine Angst habe, auch wenn sie zittert, (wenn ich selber zittere)? In diesem Alter lassen sich aus der gleichen Situation die unterschiedlichsten Schlussfolgerungen ziehen: Wie ich am wirksamsten – oder bequemsten – überleben kann, wie ich im Saftladen meiner Herkunftsfamilie am besten über die Runden komme. Nicht untergehen, Beachtung finden, das ist das Ziel.

Auf Durchzug stellen, abtropfen lassen

 Auf dem Spielplatz. Er hat gerade laufen gelernt, es sieht noch etwas wackelig aus. Aber klettern kann er schon. Alle Kinder klettern die Leiter hoch, zur Rutsche. Er hinterher. Mama ruft mit einer Mischung aus strenger und ängstlicher Stimme: »Komm runter, das ist zu hoch!« Aber Klettern macht Spaß, er kann nicht mehr zurück, andere Kinder klettern hinter ihm her.

Nun steht er oben, auf unsicheren Beinen. Mama steht unten, gespannt, atemlos. Er sieht in Mamas Augen: sie zittert. Zugleich ist sie stolz. Sie hofft, dass es gut geht. Dass er heil wieder runter kommt. Die anderen sind alle viel größer. Wird er es schaffen? Er wird es schaffen!

Er hat es geschafft. »Du bist noch zu klein für diese Rutsche!«, sagt Mama. Das hört er. Zugleich spürt er: Das ist nicht ihr Ernst. Denn sie ist mächtig stolz, er ist der Kleinste, eigentlich viel zu klein für dieses Gerät. Trotzdem hat er es geschafft!

Er lernt ganz unbewusst: Lass sie reden! Was sie sagt, ist nicht ihr Ernst. Mama hat eben Angst (oder: Mamas haben eben Angst). Aber sie findet es aufregend, wenn du trotzdem mutig bist. Wenn du nicht hinhörst auf das, was sie sagt, dann bewundert sie dich. Dann findet sie dich toll!

Sie fahren Auto, er sitzt hinten. Seine Beine bewegen sich, ganz von selbst, ob er will oder nicht. Das macht gar nicht er, das macht sein Körper. Manchmal stoßen sie in den Vordersitz. »Sitz still! Zapple nicht so rum!«, sagt Mama.

Nützt ihm das was? Sich Bewegen macht Spaß. Das machen die Beine von ganz alleine. Die Mahnung von Mama ändert nichts, aber auch gar nichts an seinem Bewegungsdrang.

Sie sitzen bei Tisch, er auf seinem hohen Stuhl. Die Beine bewegen sich auch hier. Hin und wieder stoßen sie gegen das Tischbein. »Hample nicht so rum!«, sagt Papa irritiert. Doch ändert Papas Mahnung etwas daran, dass die Beine sich bewegen wollen?

Er lernt: Hör nicht hin. Nimm die Ermahnungen der Eltern nicht ernst, lass sie abtropfen. Nicht ich bin es, der zappelt, sondern meine Beine. Mein Körper will sich einfach bewegen. Das ist nun mal so.

Er ist dreizehn. Er muss in die Schule, hat aber verschlafen. Es ist schon spät, er muss sich beeilen. An der Wohnungstür steht die Mutter. Vom Duschen sind die Haare nass. Es ist Winter und kalt draußen. Die Mutter schreit: »Du kannst doch nicht mit nassen Haaren raus bei diesem Wetter! Du holst dir noch den Tod! Nimm doch wenigstens einen Schal mit! Hast du dein Butterbrot eingepackt …« Die Rufe der Mutter verhallen, während er die Treppen hinunterstürmt.

Doch irgendwann ist die Schule zu Ende. Er muss zurück, nach Hause. Wer steht an der Wohnungstür? Die Mutter. Was fragt sie? »Wie war's in der Schule?«

Sie ist gut gemeint, diese Frage. Sie will ausdrücken: »Du bist mir wichtig. Lass mich an deinem Leben teilhaben, denn ich habe dich lieb. Natürlich bin ich auch ein bisschen neugierig und möchte wissen, wer deine Freunde sind, was du erlebt hast. Mich interessiert einfach, wie es dir geht. Das war ja früher auch so, als du noch in meinem Bauch warst oder als du anfingst zu laufen.« Vielleicht erlebt sie es auch, wenn er erzählt, wie es ihm ergangen ist, als eine kleine Belohnung dafür, dass sie im Beruf hat zurückstecken müssen, in den Jahren, als die Kinder kamen.

Sie ist weit davon entfernt zu ahnen: Die Kehrseite von Zuwendung ist Kontrolle, unweigerlich. Was als liebevolles Interesse ihren Mund verlässt,

 kommt in seinen Ohren an als: Sie will mich kontrollieren, schon wieder. Denn wie war es in der Schule?

Sch … war's. Er hatte die falschen Bücher eingepackt, die Hausaufgaben nicht richtig gemacht, ist auch noch drangekommen. Die Lehrerin war sauer. Soll er das alles seiner Mutter verklickern? Dann fängt die auch noch an rumzumeckern. Dann hört das Schulelend an diesem Tag überhaupt nicht mehr auf.

Am liebsten würde er in seinem Zimmer verschwinden. Aber aus Erfahrung weiß er: Dann kommt die Mutter hinterher. Da entdeckt sie die umgekippte Cola-Dose und den Fleck auf dem Teppichboden, die Bananenschale in der Ecke, die Unordnung. Das gibt nur noch mehr Ärger. Also bleibt er stehen. Er reagiert wie im Reflex: Hör nicht hin, sag nichts. Starr blickt er zu Boden. Während sich die Mutter erfolglos weiter bemüht, ihn zum Reden zu bringen, sich erkundigt, was seine Freunde so machen. Und und und. Eine uralte Erfahrung sagt ihm: Abtropfen lassen. Nicht hinhören. Ohren zu, Mund zu. Lass sie reden. Eine bewährte Strategie. Genauso macht er es, wenn sie ihn mit Vorwürfen nervt, er habe nicht wie versprochen den Abfalleimer geleert. Er weiß: Irgendwann hört sie von selber auf. Sie wird kurz seufzen, die Mundwinkel verziehen, zur Decke blicken. **Dann bist du frei!**

Existenzielle Automatik

 Zwanzig oder dreißig Jahre später. Wieder kommt er heim. Müde und sehnt sich nach Ruhe. Ein Bier. Fernsehen. Ein schöner entspannter Abend. Das ist, was er jetzt braucht. Nur keine Konflikte.

Wer wartet auf ihn? Seine Frau. Er spürt: Sie will

etwas von ihm. Sie hat noch nicht einmal Zeit zu sagen: »Wie war's auf der Arbeit?« oder: »Wir sollten mal über unsere Beziehung …«, da hat es in seinem Gehirn schon klick gemacht. Ohne dass er auch nur irgendetwas dazu zu tun braucht, ganz von selbst, völlig unbewusst, schaltet sich in ihm ein existenzielles Rettungsprogramm ein: »Abtropfen lassen. Nicht hinhören. Ohren zu, Mund zu. Lass sie reden. Irgendwann hört sie von selber auf. **Dann bist du frei!**«

Seinem Wohlbefinden, seinem Überleben droht Gefahr. Er steht sozusagen mit dem Rücken zur Wand. Da greift sein Empfinden, wie automatisch, auf die Lösungsmöglichkeit zurück, die sich früher in gleicher Lage als äußerst wirksam erwiesen hat. Zigmal hat sich diese Technik einst bewährt. Sie hat sich in sein Gehirn eingeschliffen: Sobald er sich – oder in diesem Fall sein Ruhebedürfnis – bedroht sieht, schnappt seine Überlebensschlussfolgerung zu: »Lass nichts an dich ran. Zieh einen geistigen Regenmantel über. Lass alles, alle Worte und Vorwürfe, einfach abtropfen.«

Nur: Auch sie steht mit dem Rücken zur Wand. Auch sie fühlt sich in ihrem Überleben bedroht, in ihrem Bedürfnis nach Kontakt, Beziehung und Austausch. Darum greift auch sie auf erprobte und bewährte Verfahren zurück, auf ihre Schlussfolgerung, die ihr bisher ihr Überleben gesichert hat: »Dranbleiben, Nerven sägen, bloß nicht aufgeben. Sonst kommst du zu nichts.«

Je mehr sie nervt, desto mehr macht er zu. Je mehr er dicht macht, desto stärkere Bohrer setzt sie an sein Ohr (ein, zwei

Töne höher). Je heftiger sie bohrt, desto stärkeren Spezialbeton packt er auf sein Gehör. Damit sie nicht durchdringt.

Jeder tut das Beste, was er tun kann. Für sie ist miteinander reden lebenswichtig, sich mitteilen, in Kontakt bleiben, denn Leben heißt, in Beziehung sein. Sie ist an ihm interessiert, an dem, was er erlebt hat. Sie möchte ihre Beziehung zu ihm lebendig gestalten. Für ihn ist es lebenswichtig, in Ruhe gelassen zu werden, zu entspannen, nicht schon wieder mit Problemen konfrontiert zu werden. Denn Probleme gab es genug auf der Arbeit, den ganzen Tag über. Jeder spürt: Ich muss mich jetzt so und nicht anders verhalten. Sonst gehe ich unter. Es geht ums Überleben.

Ein Teufelskreis. Es ist tragisch. Jeder hofft, dass der andere endlich auf- oder nachgibt. Keiner versteht, warum der andere nicht versteht, was ich so dringend brauche, was ich so nachdrücklich einfordere.

4

Reden, um zu reden. Reden, um zu lösen

Doch passen wir auf, sonst verfangen wir uns in Klischees. Nicht nur Männer verschließen sich. Nicht nur Frauen bohren. Es gibt Bereiche, da ist es genau umgekehrt. Etwa beim Thema Sex. Und selbst da stimmen seit einigen Jahren die landläufigen Vorstellungen nicht mehr: Immer häufiger wollen Frauen mehr Sex, öfter und anders. Immer mehr Männer verweigern sich oder machen dicht.

Sex ist ohnehin ein schwieriges Thema. In unserer Kultur herrscht beim Reden über Sex eine eigentümliche Sprachlosigkeit. Natürlich gibt es jede Menge sexuelle Witze und Anspielungen. Doch das meine ich nicht. Sehr vielen Paaren fällt es schwer, sich gegenseitig auf eine Weise, die beide gut akzeptieren können, ohne verlegen zu sein, mitzuteilen, was ihnen sexuell Lust bereitet. Was ihre Vorlieben sind, und was sie nicht so mögen. Anfangs sind die meisten Paare sexuell glücklich miteinander, ganz ohne Worte. Das finden sie wunderbar. Nur wenn es nicht mehr so selbstverständlich klappt, sind sie aufgeschmissen. Wenn sie nicht mehr frisch verliebt sind, wenn die Beziehung schon ein paar Jahre auf dem Buckel hat. Wenn das erste Kind geboren ist, wenn kleine Kinder das Elternpaar durch nächtliches Schreien erschöpfen, weil Zähne kommen oder Kinderkrankheiten nicht enden wollen. Wenn beide älter werden, wenn sich ihre Bedürfnisse unterschiedlich entwickeln, und ihre Körper auch.

Über Sex und über verschiedene sexuelle Wünsche zu reden, wenn die Sprache fehlt, ist schwierig.

Es ist nach zehn Uhr abends. Er sagt: »Ich gehe schon mal unter die Dusche!« Sie sitzt noch im Wohnzimmer vor dem Fernseher und meint: »Jaja.«

Sie hat schon verstanden, worauf er hinaus will. Er wird sich nicht nur waschen, er will auch Sex mit ihr. Bloß, irgendetwas in ihr sträubt sich, ihm ins Bett zu folgen. Sie weiß selber nicht genau, was es ist.

Gedanken gehen ihr durch den Kopf. Warum meldet er seinen Wunsch erst jetzt an, wo der Abend fast vorbei ist? Warum hat er nicht, während sie vorhin gemeinsam den Film angeschaut haben, mal den Arm um sie gelegt und sie ein bisschen zärtlich an sich gedrückt? Dann hätte sie seine Nähe und seinen Nähewunsch spüren können. Früher war das doch kein Problem. Da haben sie das öfter gemacht, beim Fernsehen ein bisschen gekuschelt.

Warum hat er, als sie mit ihm über den Film reden wollte, darauf bestanden, gleich noch die nächste Sendung zu sehen, ohne nach ihren Wünschen zu fragen? Früher, als sie frisch verliebt waren, da haben sie oft miteinander geredet und hatten dann auch Sex. Da hat er sie noch gefragt, was sie will. Auch als sie nicht mehr so frisch verliebt waren, hat sie Zärtlichkeit bei ihm gespürt. Er hat sie abends begleitet beim Schaufensterbummeln vor den Auslagen der Geschäfte mit Damenbekleidung; sie hatte den Eindruck, das macht er sogar gerne. Er hat sie zum Essen eingeladen, zum Italiener. Gut, das geht jetzt nicht mehr so einfach, wegen der Kinder. Er hat ihr ein warmes Bad einlaufen lassen. Oder er hat einen kleinen Sherry eingeschenkt, oder eine Nackenmassage gemacht. Sie haben geredet, sie haben gelacht. Sie waren zärtlich miteinander, den ganzen Abend, und hatten dann auch Spaß beim Sex.

Das ist jetzt alles nicht mehr so, oder nur noch selten. Sie fehlt ihr, diese Atmosphäre von Zärtlichkeit, von Aufmerksam-Sein für den anderen. Was hat er gesagt: »Ich geh schon mal duschen!« Jetzt, um halb elf. Er will seinen hormonellen Überdruck loswerden. Irgendwie fühlt sie sich benutzt. Fast wie eine Prostituierte. Darauf hat sie ja nun überhaupt keinen Bock!

Wenn sie ihm sagt: Mir fehlt, dass wir nett miteinander reden, dann sagt er: Das haben wir doch jahrelang gemacht. Oder er verspricht: Wir können ja nachher miteinander reden. Nur nachher, da ist sie hellwach, und er ist eingepennt! Er ist einfach anders als früher.

 Sie weiß genau, was er will. Was er braucht. Dass sie jetzt nicht kommt, das kennt er ja nun auch schon. Hat sie sich geändert? Hat sich zwischen ihnen etwas geändert?

Früher, als sie frisch verliebt waren, hatte sie doch genauso viel Verlangen nach Sex wie er. Er brauchte gar nichts zu sagen. Zweimal am Tag wollte sie, und nicht bloß zweimal im Monat. Jetzt, wenn er fragt, dann sieht er schon ihr abweisendes Gesicht: »Nee, ich bin müde.« Oder: »Ich habe meine Tage.« Oder: »Ich fühl mich nicht so gut.« Oder: »Ich habe Kopfschmerzen, Migräne.« Je mehr er bohrt, desto mehr macht sie zu. »Du weißt doch, donnerstags bin ich immer bei meinen Freundinnen!«

Er kommt sich richtig komisch vor, wie ein Bittsteller. Dabei ist Sex doch etwas Schönes. Es kostet auch nichts. Er fühlt sich gut dabei. Er braucht auch keine Worte, um auszudrücken, wie sehr er sie liebt, wie sehr er ihren Körper mag. Wenn sie Sex haben, dann erlebt sie das auch als lustvoll. Da ist er sich sicher! Sie ist anders geworden. Er versteht nur nicht, warum.

Irgendetwas hat sich geändert. Ist sie noch die Gleiche? Verhält er sich anders als früher? Früher hat er ihr zugehört, wenn sie mit ihm reden wollte. Es war ja auch neu, was sie ihm mitzuteilen hatte. Sie war neu. Sie war glücklich: »Endlich jemand, der mir endlos zuhört!« Dass sie ihn interessiert, wenn sie redet, das hat sie an seinen Blicken gesehen. Er hat sie begeistert angeschaut. Hat er aber wirklich zugehört, wenn sie ihm etwas erzählt hat, länger als zwei Minuten? Oder hat er sie einfach bloß fasziniert angestarrt, weil sie so hübsch ist, wenn sie sich über etwas aufregt?

Inzwischen haben sie Kinder. Sie sind also nicht mehr nur ein verliebtes Paar, sondern auch Eltern. Nach der Geburt des ersten Kindes sei die Frau nicht mehr die gleiche Frau wie zuvor, behauptet der amerikanische Paarforscher John Gottman (2008, S. 250). Vieles spricht dafür, dass er recht hat. Doch niemand weiß ganz genau, warum das so ist. Hat es mit dem Oxytocin zu tun, das ihren Hormonhaushalt durcheinander gebracht und mütterliche Reflexe wach geküsst hat? Liegt es daran, dass ihr Körper und ihr ganzes Sein weiter die Verbindung halten zu dem Lebewesen, das einmal in ihr heranwuchs und nun außerhalb weiterlebt? Jedenfalls ist es eine Tatsache, dass sie nun Mutter ist, und das auch, wenn das Kind oder die Kinder gar nicht anwesend oder längst erwachsen sind.

Möglicherweise betrachten Frauen und Männer Sexualität durch unterschiedliche Erlebnisbrillen. Ihn führt eher der Wunsch nach körperlichem Lustempfinden zu einer Beziehung von Zärtlichkeit. Beim Liebesspiel kann er berühren, ergreifen, etwas tun, geben, sich von seinem sexuellen Verlangen erlösen. Für sie ebnet eine Beziehung von Zärtlichkeit, die sie wie ein angenehm schützender Mantel umhüllt, den Weg zu sexueller Lust. Wenn sie sich wertgeschätzt und aufgehoben fühlt, kann sie sich leichter öffnen und hingeben. Wertschätzung, Zuneigung, Achtsamkeit möchte sie auch noch am Morgen danach von ihm spüren.

Was das obige Paar jedoch mit großer Wahrscheinlichkeit übersehen hat: Eine Liebesbeziehung braucht Pflege. Regelmäßig. Ohne Pflege läuft da gar nichts. Wie beim Auto. Ohne immer wieder Sprit zu tanken, bleibt der Karren stehen. Nach einer gewissen Zeit sind auch die Reifen abgefahren, das Fahren wird gefährlich. Eine Paarbeziehung ist da nicht anders. Ohne regelmäßige Pflege nutzt sie sich ab.

Reden schafft Beziehung

Wieder einmal ist es früher Abend. Sie kommt von der Arbeit. Geräuschvoll legt sie im Flur ihren Mantel ab.

 Er ist schon daheim. Dass sie unter Dampf steht, hat er schon mitbekommen. Ist ja nichts Neues. Gleich wird sie ins Zimmer kommen und erzählen, was sie auf dem Herzen hat.

»Stell dir vor, was heute im Betrieb wieder passiert ist!«, sagt sie, nachdem sie das Zimmer betreten

und ihn begrüßt hat. Dann legt sie los und berichtet, was sie bewegt. Wie unmöglich der Chef sich wieder aufgeführt hat, wie zickig die Kollegin war, was die anderen dazu gesagt haben. Und so weiter.

Alles nichts Neues, denkt er. »Das hast du mir schon öfter erzählt. Den Chef wirst du nicht mehr ändern, die Kollegin auch nicht, dieses dumme Huhn, die geht ja nun bald in Rente.« Er ist gespalten. Er freut sich, dass sie da ist. Er ist gerne mit ihr zusammen. Anfangs interessiert ihn auch, was seine Frau berichtet. Doch zwei Minuten später hört er gar nicht richtig hin. Es ist immer dasselbe, was sie erzählt. Ungeduld macht sich breit in seinem Inneren. Was ihn im Raum hält, ist sie, sein Wunsch mit ihr zusammen zu sein. Aber in endloser Ausführlichkeit zu hören, was die eine gesagt hat und was die andere dazu meint, interessiert ihn nicht. Es langweilt ihn. Sie könnte sich viel kürzer fassen. Ihm fallen all die Dinge ein, die er noch erledigen oder reparieren wollte oder sollte. Und am allerliebsten würde er jetzt sein iPad hervorholen und sein Computerspiel weiterspielen. Es kribbelt ihn in den Fingern. Doch er hält sich zurück. Aus Erfahrung weiß er: Das mag sie ja nun überhaupt nicht, wenn er ihr keine Aufmerksamkeit schenkt. Er kommt sich wie ein Blitzableiter vor für Probleme, die nicht zu lösen sind. Bei denen er ohnmächtig ist und selbst gar nichts tun kann. Einmal hat er ihr vorgeschlagen mit dem Chef zu reden. Da ist sie in die Luft gegangen!

So hört er weiter zu, schaut sie sogar an. (Das hat er inzwischen auch gelernt, dass sie den Eindruck hat, er höre gar nicht hin, wenn er sie nicht anschaut.) Und sie erzählt und erzählt, kommt von einem Detail zum nächsten, berichtet eine Einzelheit nach der anderen. Drei Minuten, fünf Minuten, zehn Minuten. Es nimmt kein Ende.

Da rutscht ihm heraus: »**Mach doch das!**«

Sie rastet aus. »Ich will gar nicht, dass du mir immer sagst, was ich tun soll. Ich weiß selbst, was ich zu tun oder nicht zu tun habe. **Kannst du nicht einfach nur mal zuhören!!**«

Unmöglich, dieser Mann! Kommt gleich mit seinen Lösungsvorschlägen. Als ob sie die braucht. Kann er sich nicht einfach mal anhören, was sie erlebt hat?! Das täte so gut. Sie würde so gerne einfach nur mal erzählen, was den Tag über gelaufen ist. Mitteilen, wie es ihr gegangen ist, wie es ihr geht. Vielleicht ist sie's dann los. Er weiß doch genau, dass sie das braucht. Wenn sie aufgeregt ist, durcheinander. Zuhören, nicht helfen wollen. Dann weiß sie nach einer Weile selber wieder, was los ist. Sie wünscht sich doch nichts weiter, als dass er einfach nur zuhört! Was ist denn daran so schwierig?

Was ist nur los mit ihm? Früher haben sie doch stundenlang miteinander geredet, und er hat zugehört, sogar gerne. Hat sogar Fragen gestellt, konnte nicht genug kriegen!

Lösungsreden

Jetzt ist sie wieder explodiert, denkt er. Das kennt er ja schon. Aber er weiß wirklich nicht, was sie will. Sagt er was, ist sie unzufrieden. Sagt er nichts, ist sie auch unzufrieden.

Immer wieder erzählt sie ihm dieselben Sachen. Wenn es wirklich ein Problem wäre, dann würde sie doch was tun. Wenn man Probleme hat, dann packt man sie an. Sonst ändert sich nichts. Wenn all das, was sie ihm erzählt, wirklich ein echtes Problem wäre, dann würde sie das auch mal anpacken. Mal was machen. Aber das tut sie nicht. Daraus kann man doch nur messerscharf folgern: **Sie hat keine Probleme**. Warum soll er denn dann zuhören, wenn sie keine Probleme hat? **Sie will einfach nur reden,** für nichts und wieder nichts. Na gut, kann sie ja machen. Nur was soll er dabei?

Er versteht wirklich nicht, warum sie jetzt wieder explodiert ist. Als Mann neigt er zu Lösungsreden. Da sie aber keine Lösung will, ist ihr Reden eigentlich überflüssig. Für ihn. Sie könnte es auch weglassen. Deswegen hört er auch gar nicht mehr richtig hin, wenn sie erzählt, was sie im Alltag erlebt hat. Denn sie will ja sowieso nicht hören, was er davon hält. Wie er das Problem angehen würde. Sie hat schon recht, wenn sie ihm vorwirft, er höre nicht hin. Er hört auch nicht hin, sie hat ja kein Problem, bei dem es sich lohnt, hinzuhören. Sie will ja nichts ändern. Eigentlich hat sie ja gar nichts zu sagen, wenn sie redet.

So sieht er das. So ist es auf der Arbeit. Da wird auch nicht lange drum herumgeredet. »Würdest du mir bitte mal den kleinen Schraubenzieher reichen, den ich jetzt hier brauche!« »Würdest du bitte mal Mörtel bringen, ich kann sonst nicht weiter mauern!« Solche Sprüche wären doch affig. Ein kurzer Ruf: »Schraubenzieher!« »Mörtel!«, das reicht. Bei dem Krach auf dem Bau. Bei einem Rettungseinsatz, wenn es brennt, vor dem Computer, wenn man in Sekunden entscheiden muss, wo man jetzt investiert, da bringt langes Reden auch nichts. Es geht darum zu handeln. Im Laufe seines Berufslebens hat er sich notgedrungen zu einem Spezialisten für (fast) wortlose Kommunikation entwickelt. Wenn sie in der Küche Kartoffeln schält, und er kommt, und sie will ihm was erzählen, dann legt sie das Messer aus der Hand. Immer wenn sie redet, hört sie auf zu arbeiten. Das nervt ihn.

Woher er das hat? Sind das vielleicht Gene, uralte Programme im Gehirn, die er geerbt hat, die wachgerufen werden, wenn es darum geht, Probleme zu lösen, das Überleben zu sichern? Ein paar Prozent Neandertal-Gene schlummern, so versichern uns die Paläogenetiker, in unserem Hirn und sind bei Bedarf abrufbar. Gegen den Angriff des Säbelzahntigers in den Urzeiten, da nützte kein Reden, da musste man etwas tun. Wenn man auf der Jagd dem Wild nachstellt, da redet man auch nicht. Sonst ist das Wild weg. Wenn die Familie in Gefahr, wenn das heimische Territorium bedroht ist, selbst da muss man handeln. Nicht reden. Reden, um zu reden – der absolute Horror.

Beziehungsreden

Sie versteht wirklich nicht, warum er nicht einmal in Ruhe zuhören kann, wenn sie erzählen will, was sie erlebt hat. Als Frau neigt sie zu Beziehungsreden. Reden tut so gut. Reden schafft Beziehung.  Sie ist in Kontakt mit anderen, sie teilt sich mit, sie tauscht aus. Sie erfährt, was andere bewegt. Sie teilt mit, was sie bewegt. Vielleicht wird sie sogar los, was sie bedrückt. Sie hat teil an den Erfahrungen anderer. Durch Reden beruhigt sie die Aufregung oder den Streit der Kinder, gleicht Konflikte aus, hält Frieden mit den Nachbarn. Dabei erfährt sie auch ganz praktische Dinge, Lösungen für Probleme: Wann man wo günstig einkaufen kann. Was man tut, wenn ein Kind krank ist. Wie man Quittengelee einkocht oder einen bestimmten Kuchen bäckt. Sie ist Teil eines Beziehungsnetzes von Familie, Verwandten, Freunden, Nachbarn, Kollegen. Vor allem aber: Man tauscht Gefühle aus, und überwiegend fühlt man sich gut dabei.

Darum unterhält sie sich schon mit dem zweimonatigen Fötus in ihrem Leib. Darum tröstet sie den Säugling, wenn er nach der Flasche schreit: »Ich komme ja schon, keine Angst, du wirst nicht verhungern« und bemerkt, wie ihn das ein wenig beruhigt. Darum tröstet sie ihr kleines Kind, wenn die Zähne kommen, und ihr größeres Kind, wenn es sich das Knie aufgeschlagen hat, mit Worten.

Darum reden Eltern und Kinder miteinander. Darum singt Mama oder Papa vor dem Einschlafen, wenn die hereinbrechende Nacht Angst bereitet, ein Lied oder liest eine Geschichte vor. Darum unterhalten sich Menschen.

Suchmaschine fahndet nach Lösungen

Damit keine Missverständnisse aufkommen: Wenn ich sage »Männer neigen zu Lösungsreden, Frauen neigen zu Beziehungsreden«, dann heißt das natürlich nicht: Männer interessieren sich nicht für Beziehung, und Frauen nicht für Lösungen. Die Beispiele haben ja schon gezeigt, dass beide beides können oder brauchen. Dass beides ineinander wirkt.

Vielleicht weiß sie es, vielleicht wäre sie aber auch überrascht, wenn sie es erführe: In der Kneipe, bei seinen Kumpels, gilt er durchaus als jemand, der gerne redet. Aber da werden auch Probleme gelöst: Was die Regierung, die Politiker falsch machen. Wen der Fußballtrainer hätte aufstellen sollen und wen nicht. Ob der Schiedsrichter den Elfmeter hätte geben sollen oder nicht. Und während in der Kneipe die großen und die kleinen Probleme der Welt gelöst werden und auf der Arbeit technische Schwierigkeiten, haben die Männer Kontakt zueinander und fühlen sich wohl.

Was sie indessen nicht weiß: Immer wenn sie mit ihm redet, springt in seinem Gehirn eine Suchmaschine an, die nach Lösungen für die Probleme fahndet, die sie ihm erzählt. Das geschieht ganz automatisch. Er tut nichts dazu. Das ist einfach so. Er selber weiß es nicht einmal. Darum kann er ihr auch nicht erklären, warum er ihr immer wieder Lösungen vorschlägt, wo sie ihm doch einfach nur erzählen will, was sie bewegt.

Es macht die Verständigung nicht unbedingt einfacher, wenn beide recht haben. Sie, wenn sie sagt: »Wir haben ein Problem.« Er, wenn er behauptet: »Wir haben kein Problem.«

 Aus seiner Sicht ist das so. Er ist daraufhin angelegt, Probleme zu lösen. Darum schlägt er ihr Lösungen vor, wenn sie redet. Zuneigung und Interesse lösen keine Probleme. Hätte sie ein Problem, müsste man es lösen können. Über Probleme, die man nicht lösen kann, lohnt nicht zu reden. Mit bestimmten Dingen muss man sich abfinden. Probleme, die man nicht lösen kann, existieren für viele Männer nicht wirklich. Es bringt nichts, sich mit ihnen zu befassen. Sie halten nur auf. Sie halten ab von Tätigkeiten, die notwendig sind, die Spaß machen, von Ruhe oder vom ernsthaften Lösen ernsthafter Probleme.

Für sie als Frau ist das anders: Ein Problem, das
man nicht lösen kann, existiert durchaus. Gerade
deshalb sollte man darüber reden. Es bringt Austausch. Es drückt Zuneigung aus. Danach sehnt sie
sich. Außerdem: Nicht allzu sicher erscheinen,
Fragen stellen ist eine wirksame Strategie, Kontakt
zu pflegen, im Gespräch und in Beziehung zu bleiben.

Offensichtlich sind beide unterschiedlich programmiert.
Noch ein Grund dafür, dass sie absolut nicht verstehen, warum sie sich nicht verstehen. Und voneinander enttäuscht
sind, beide. Sie, weil er sich nicht für sie und ihre Gefühle
interessiert. Er, weil sie ihn nicht anerkennt, ihn und seine
Hilfsbereitschaft.

5

Übersicher und Untersicher

Eine Dame wandert durch eine fremde Stadt. Sie sucht den Amselweg, sie findet ihn nicht. Hilfesuchend wendet sie sich an Passanten. Ein Paar kommt ihr entgegen.

»Tschuldigung, könnten Sie mir vielleicht sagen, wie ich zum Amselweg komme?«

Der Mann überlegt kurz, dann zeigt er geradeaus: »Wenn Sie hier weitergehen, die dritte Straße rechts, und danach die zweite Straße links. Das ist der Amselweg!«

Die Dame bedankt sich. Zufrieden macht sie sich auf den Weg.

Da stößt die Frau ihren Ehemann an und sagt: »Du weißt doch gar nicht, wo der Amselweg ist!!«

Er entgegnet: »Aber ich kann diese Dame doch nicht ohne Antwort lassen!!!«

Jetzt werden Sie mir sagen: »Das glaube ich nicht, dass das so passiert ist. Diese Geschichte ist erfunden!« Ich kann Ihnen jedoch versichern: Genau so hat es sich abgespielt. Ich habe es selber von der beteiligten Ehefrau gehört, die es lachend erzählte.

Sicherheit vermitteln

Warum schickt dieser Mann die Fremde in eine Richtung, in der der Amselweg vermutlich gar nicht liegt? Warum gibt er ihr eine Auskunft, von der er weiß oder wissen könnte (wenn er bereit wäre, sich das einzugestehen), dass sie falsch ist? Warum sagt er nicht: »Tut mir leid, das kann ich Ihnen nicht sagen.«?

Immerhin, er hat etwas erreicht: Sie ist zufrieden. Befriedigt macht sie sich auf den Weg. Sie bedankt sich sogar. Weil sie zufrieden ist, ist auch er zufrieden. Mit einer Unbekannten hat er positive Gefühle ausgetauscht. Offensichtlich ist es für ihn absolut wichtig, als jemand zu erscheinen, der jede Lebenslage unter Kontrolle hat, vor allem gegenüber Frauen, und dazu noch einer Fremden in seiner Heimatstadt, die er doch kennt oder kennen sollte. Er kann sagen, wo es lang geht. Ganz augenscheinlich braucht er das. Er will wie jemand wirken, der in jeder Situation Bescheid weiß, der jeder Herausforderung gewachsen ist, der jede Aufgabe, jedes Problem lösen kann. Auf alle Fragen eine Antwort zu haben, scheint für ihn wichtiger zu sein, als richtige Antworten zu geben.

Mag sein, dass dieser Mann tatsächlich nicht in der Lage ist, einen Satz zu sagen wie »Bedaure, das weiß ich nicht«. Vielleicht ist er es gewohnt, als Helfer, als Retter aufzutreten, der vor keiner Gefahr zurückschreckt. Der die anderen (und sich selbst) mit seinem Mut, seinen Kenntnissen, seiner Kompetenz, seinen Fähigkeiten, seiner Einsatzbereitschaft, seinem Ideenreichtum usw. beeindruckt. Der auch für andere immer einen Vorschlag, einen Hinweis (oder einen Kommentar, eine Kritik) parat hat. Hätte er keine Antwort, keine Lösung zur Verfügung – egal ob richtig oder falsch –, so würde er sich wahrscheinlich als Versager fühlen. Schlimmer noch: Möglicherweise würden ihn Hilflosigkeit und Ohnmacht überwältigen. Viele Männer haben eine panische Angst davor, ohnmächtig zu sein. Da sie ihre ganze Kindheit und Jugend außerdem auch noch gelernt haben, keine Ängste aufkommen zu lassen, ist ihnen die eigene Furcht vor der Ohnmacht völlig unbekannt. Ohnmächtig sein, in totaler Ohnmacht versinken, das wäre das Ende. Da müssten sie verzweifeln. Daher brauchen sie es existenziell, stets einen Ausweg zu wissen.

Die schon erwähnte amerikanische Psychologin Fanita English nennt diesen Persönlichkeitstypus »übersicher« (2000, S. 19). Übersichere Persönlichkeiten faszinieren häufig durch ihr Können und Wissen. Vor allem vermitteln sie mit ihrer Sicherheit meist eine beruhigende Atmosphäre: »Keine Sorge, das schaffen wir schon.« Andererseits sind sie selber jedoch auch davon abhängig, stets zu wissen und zu können. Ohne dieses Bewusstsein, ohne dieses Gerüst, würden sie, wenn ihre Übersicherheit stark ausgeprägt ist, in der Angst versinken: »Mir wird der Boden unter den Füßen entzogen. Ich gehe unter!«

In totaler Ohnmacht versinken, existenziell verzweifeln, untergehen – sind das nicht etwas starke Ausdrücke für eine im Grunde doch relativ belanglose Szene? Aber vergessen wir nicht: Zwar sind wir oben einem Mann so um die dreißig, vierzig begegnet, der einer fremden Besucherin seiner Stadt eine Auskunft erteilt. Doch den Jahresringen eines Baumes vergleichbar steckt in diesem Erwachsenen noch der drei- oder vierjährige Bub, der früher als Kind die Erfahrung gemacht hat: Meine Mutter ist ständig überfordert; sie ist ängstlich oder unsicher. Mein Vater ist meistens nicht da. Letztlich kann ich mich auf niemanden wirklich verlassen. Ich bin verlassen, ich gehe unter, wenn ich nicht selber für mich sorge, für meine Sicherheit und dafür, dass ich mich in dieser Welt gut zurechtfinde. Verloren zu sein, wenn man ganz klein ist, ist eine Erfahrung, die panische Angst bereitet. Um ihr nicht ausgeliefert zu sein, beschließe ich für mein weiteres Leben: »Verlass dich nie auf andere. Nur auf dich selber ist Verlass.« Dieses Sicherheitsprogramm macht mich zwar bisweilen recht unflexibel. Doch es schützt mich vor Ohnmachtsängsten aller Art.

Nun ist Herr Übersicher ja nicht allein. Seine Frau begleitet ihn. Und sie spielt mit: Sie sagt nichts. Die Gewissheit, dass ihr Mann den Amselweg nicht kennt, ist ihr ja nicht erst gekommen, als die Unbekannte sich verabschiedet hat. Warum mischt sie sich nicht ein? Sie kennt ihren Mann doch. Sie weiß, dass er, um Rat gefragt, nicht immer Antworten gibt, die richtig sind. Oder genauer: dass er, um Rat gefragt, immer eine Antwort gibt, die aber nicht immer richtig ist. Nur: Um ihn zu unterbrechen, müsste sie selber sich ihrer Sache ganz sicher sein. Das ist sie nicht. Sie kann ja nicht wissen, ob er es zufälligerweise nicht doch weiß. Vor allem: Sie müsste aus ihrer Rolle heraus. Die Rolle, die sie von klein auf geübt hat, ist »untersicher« zu sein. Andere um Rat fragen, selbst nicht so genau Bescheid wissen, sich selber in Frage stellen. Auf diese Weise hat sie als Kind Hinweise und Sicherheit bekommen, von den anderen, von Mama, von Papa, von der großen Schwester oder dem großen Bruder. Nicht gleich die Initiative ergreifen, erst einmal schauen, abwarten, zögern. Das hat sie vor manchem Fehlschritt bewahrt. Im Grunde bereitet es ihr nicht viel Angst, unsicher zu sein. Denn sie hat die Erfahrung gemacht: Die Welt geht nicht unter, wenn ich mal nicht weiter weiß. Ich kann ja fragen. Auf diese Weise verschaffe ich mir auch noch Kontakte. Denn es gibt viele Leute, die gerne Auskunft geben, die stets Bescheid wissen. Sie ist sich nicht immer sicher, was sie tun soll. Aber diese Unsicherheit bereitet ihr keine Angst. Sie ist ziemlich sicher im Unsicher-Sein, im Gegensatz zu ihrem Mann, der sich mit einer bisweilen vorschnellen Antwort oder Lösung ganz schnell aus Unsicherheit erlösen muss.

Im Grund passen beide gut zueinander. Er gibt, wie ein wohlwollender Vater, gerne Anregungen und Anweisungen. Damit hilft er ihr aus ihrer Unentschlossenheit. Sie verhält sich wie ein kleines Mädchen, das auf seine Ratschläge angewiesen ist. So vermitteln sie sich gegenseitig gute Gefühle und die Gewissheit, einander zu brauchen. Jeder sorgt für den anderen und zugleich für sich. Jeder wird dafür belohnt, dass er oder sie so bleibt, wie er oder sie ist. Jeder bestärkt das typische Verhalten des anderen, das jedem so vertraut ist.

Was sie nicht wissen: Im Hintergrund spielen sie auch noch andere, gegenteilige Rollen. Intuitiv kriegt sie seine Angst vor der Angst mit. Das spürt sie ganz unbewusst. Wäre es ihr bewusst, würde sie es auch nie aussprechen. Denn offiziell haben starke Männer keine Angst. Weil sie nun weniger Angst vor Angst hat, übernimmt sie, ohne dass das beide merken, eine mütterliche, beruhigende Rolle für den kleinen Jungen in ihm, der Unsicherheit und Angst nicht ertragen kann, das aber auf keinen Fall zeigen darf.

Dieses doppelte Zusammenspiel fördert nicht unbedingt die Flexibilität jedes einzelnen. Es bringt auch die persönliche Weiterentwicklung der Beteiligten nicht unbedingt voran. Als sonderlich erwachsen wird man es ebenfalls nicht bezeichnen können – erwachsen in dem Sinne, dass ich, Realitäten berücksichtigend, selbständig denke und verantwortlich handele. Aber eine gewisse Zeit lang befriedigt es beide, dass sie so perfekt zusammenpassen. Schwierig wird es in der Regel, wenn er beispielsweise aus der Position des gut meinenden und wohlwollenden in die des kritischen Partners wechselt. Wenn er zu kontrollieren beginnt. Dann erinnert er sie vielleicht an eine Vaterfigur, vor der sie als kleines Mädchen Angst hatte: Er macht Vorwürfe, reagiert wütend (oder gekränkt), wenn sie seinem Rat nicht bedingungslos folgt. Im Gegenzug zieht sie sich zunehmend in die Position des verlorenen und unselbständigen Kindes zurück, jammert, klagt oder rebelliert, verhält sich so, wie sich ein hilflos schwaches Opfer verhält (das ist eine sehr starke Position). Auch in ihrer negativen

Ausprägung entsprechen, bedingen und bestärken sich beide Persönlichkeitstypen. Beide profitieren von diesem Spiel, selbst wenn es nicht mehr so viel Spaß macht. Es droht ein sich immer schneller drehendes Karussell negativer Gefühle, das – wenn beide nicht aufpassen – in Gewalt enden kann.

Die Partner geraten, ohne es zu wollen, in einen Teufelskreis. Jeder tut ja nur das ihm Nächstliegende: Jeder verteidigt und schützt sich. Jeder greift, wie im Reflex, auf ein hundertfach erprobtes Programm zurück. Das stellt sicher, dass man nicht noch einmal – wie schon als Kind – Ohnmachtserfahrungen durchleiden muss. Damals hat die Schutzstrategie, übersicher bzw. untersicher zu sein, angesichts extremer Bedrohung geholfen. Damals war sie offensichtlich nützlich. Ob sie das in allen Lebenslagen heute noch ist, das ist die große Frage.

Retten, gerettet werden

»Untersichere« Persönlichkeiten nehmen erst einmal eine Kind-Position ein. Als Partner suchen sie sich oft jemanden, der die Elternrolle spielt. Typische Gedanken oder Sätze (nach Fanita English 2000, S. 33f.):

- »Ich bin mir selber nicht ganz sicher, ganz im Gegensatz zu anderen.
- Ich habe (wahrscheinlich) nicht recht, du hast (wahrscheinlich) recht.
- Ich weiß da nicht Bescheid, aber du.
- Ich schaffe das nicht, du schaffst es.
- Ich bin ohnmächtig, du bist mächtig.
- Weißt du es wirklich? Kannst du es mir beweisen? Ich verstehe noch immer nicht, ich bin noch immer nicht sicher. Was soll ich bloß tun?«

Ganz anders die »übersichere« Persönlichkeit. Sie muss retten oder siegen. Als Partner sucht sie sich oft jemanden aus, der sich wie ein Kind verhält. Stark übersicher geprägten Persönlichkeiten spritzt das Selbstbewusstsein nur so aus den Rippen:

- »Ich muss selbstsicher sein (auch wenn mir nicht so zumute ist), denn auf andere kann ich mich nicht verlassen.
- Ich habe recht, du nicht.
- Ich weiß es besser (ich muss es besser wissen, denn ich darf nicht zugeben, dass ich es nicht weiß), du weißt es bestimmt nicht.
- Ich muss es schaffen (auch wenn ich am Verzweifeln bin, aber bloß kein Versager sein), denn sonst schafft es keiner.
- Ich bin stark, du bist schwach, unzuverlässig, konfus usw.
- Ich darf mir keine Angst eingestehen, ich muss mich, dich usw. beherrschen.«
- Wer alles besser weiß, kann daher schlecht einlenken.

In seiner Kindheit hat jeder Mensch einen Schatz an Erfahrungen in seinen Lebensrucksack gepackt. Dazu gehört die Tendenz, spontan eher übersicher oder eher untersicher zu reagieren. Mit Begabung oder Intelligenz, Kompetenz oder Geschicklichkeit hat das, wie Fanita English betont, nichts zu tun, erst einmal auch nicht mit dem Geschlecht oder der sozialen Herkunft. Beide Sorten von Persönlichkeit können erfolglos oder erfolgreich sein, liebenswürdig oder unausstehlich, sachlich oder voller Gefühl. Unterschiedlich ist indessen, wie abhängig sie von ihrer mitgebrachten Verhaltensprägung sind. Müssen sie anderen helfen, müssen sie sich von anderen helfen lassen? Sind sie darauf angewiesen, Situationen oder andere Menschen zu kontrollieren oder zu beherrschen, um sich wohlzufühlen – oder sind sie in der Lage, eine unklare, chaotische Situation oder ein ungelöstes Problem auch erst einmal in Ruhe zu ertragen? Können sie eine Aufgabe, die sie zunächst überfordert, eine Anforderung, die ihnen nicht gleich lösbar erscheint, erst einmal cool überprüfen, ohne sich in Frage zu stellen? Ohne sich selber als inkompetent zu erleben oder abzuwerten?

Ich habe recht, du hast sicher auch recht.
Einigen wir uns doch einfach darauf,
dass immer ich recht habe!

6

Zuschreiben

Kennen Sie die Zuschreibungstheorie?

Ein Mann verzeichnet einen Erfolg. Ihm ist etwas gelungen: Er hat einen beruflichen Erfolg erzielt, einen Prozess gewonnen. Eine komplizierte Reparatur ist geglückt. Er hat ein Tor geschossen, einen Elfmeter gehalten. Wem schreibt er den Erfolg zu?

Sich selbst.

Ein Mann hat einen Misserfolg. Etwas ist schief gelaufen. Irgendetwas hat nicht geklappt. Wer ist schuld?

Die anderen: die Frau, die Kinder, die Mitarbeiter, die Umstände – die Liste der Sündenböcke kann lange sein.

Eine Frau hat einen Erfolg. Sie sieht todchic aus. Man sagt es ihr: »Das steht Ihnen aber gut!«. Was antwortet sie? »Es war billig, es ist alt, ich habe es aus dem Schlussverkauf …« Man lobt das Essen, das sie vorbereitet, den Kuchen, den sie gebacken hat. Was sagt sie? »Er ist nicht ganz gelungen.«

Einer Frau misslingt etwas. Wen stellt sie in Frage, wem gibt sie die Schuld?

Sich selbst.

Was dann dazu führen kann, dass ihr Gegenüber sie tröstet und ihr wieder und wieder versichert, es sei gar nicht so schlimm.

Die Zuschreibungstheorie stimmt nicht immer, aber sie stimmt immer wieder. Wie oft habe ich es erlebt bei Paaren, die kamen, um einen Konflikt zu lösen. »Bei Unzufriedenheit mit der Beziehung denke ich zunächst über mich nach«, sagt sie. Er dagegen wirkt zu Beginn des Gesprächs erst einmal zurückhaltend, wie ein Besucher. Probleme gebe es keine, versichert er häufig, er sei glücklich in der Beziehung. Erst wenn ich etwas erstaunt frage: »Sie sind also glücklich mit einer unglücklichen Frau?«, stutzt er.

Natürlich gibt es auch Männer, die in der Lage sind, sich selbst in Frage zu stellen. In Paarbeziehungen führt das meist dazu, dass sich eine gespannte Atmosphäre schnell entspannt. Denn wer sich selber versteht und seine Grenzen kennt, hat in der Regel auch Verständnis für die Grenzen anderer.

Natürlich gibt es auch Frauen, die ein Kompliment einfach nur annehmen und »Danke!« sagen. Diese Art von Selbstsicherheit, die sich über positive Rückmeldungen freut, die andererseits ein Misslingen nicht sofort anderen in die Schuhe schiebt, die eine kritische Bemerkung erst einmal auf ihre Berechtigung überprüft, würde ich als erwachsen bezeichnen. Sie kann das Miteinander im Alltag erheblich erleichtern, egal ob in Familie oder Beruf.

Soziale Luft

Folgt man der Zuschreibungstheorie, so verhalten sich Männer mehrheitlich übersicher und Frauen untersicher. Stimmt das denn? Um nicht in Stereotype zu verfallen, sei gleich betont: Es gibt auch Frauen, deren spontane Verhaltenstendenz »übersicher« ist. Es gibt auch Männer, deren spontane Tendenz es ist, »untersicher« zu reagieren. In Paarbeziehungen findet auch Untersicher zu Untersicher und Übersicher zu Übersicher, doch die komplementäre Partnerwahl überwiegt bei Weitem. Und noch einmal: Mit Kompetenz, Liebenswürdigkeit usw. haben diese Verhaltensneigungen nichts zu tun. Trotzdem: In unserer Kultur ist es schon so, dass Männer eher übersicher auftreten und Frauen sich leichter in Frage stellen.

Wo kommt das her? Hat es mit den Lebensbedingungen

der Vorzeit zu tun? Erworbene Reflexe können sich vererben. Das versichern uns die Epigenetiker. Von den paar Prozent Urmensch-Genen, die abrufbar in uns schlummern, war schon die Rede: Wilde Tiere, Naturgewalten oder Feinde bedrohen die Gruppe. Aufgabe des Mannes ist es, seinen Clan zu schützen. Er hat jetzt keine Zeit, sich in Frage zu stellen. Er muss sich stark zeigen, vielleicht sicherer erscheinen, als er ist. Das Gleiche gilt auf der Jagd, bei Stammesrivalitäten oder im Krieg. Die Frau kümmert sich in vielen Gesellschaften traditionellerweise eher um den Nachwuchs. Sie muss auf die Bedürfnisse der Kleinen hören. Sich darauf einstellen, was die brauchen. Sich selber, eigene Bedürfnisse zurücknehmen. Droht Gefahr, haben die Kinder Angst, streiten sie sich, so muss sie beruhigen, trösten, Frieden stiften.

Ob das als Erklärung dafür ausreicht, dass sich in unserer Gesellschaft Männer mehrheitlich übersicher entwickeln und Frauen untersicher? Tragen wir noch die Reaktionsmuster der Vorzeit in uns? Darüber kann man streiten. Ohnehin spielen, wenn Jungen und Mädchen ihre individuelle Persönlichkeit entwickeln und das Skript ihres Lebens gestalten, eine Vielfalt von Faktoren eine Rolle: Erbanlagen und Kultur, Familienatmosphäre und frühkindliche Erfahrungen, das Verhalten der Eltern und Erwartungen der Umwelt, physische Eigenart und individuelle Fähigkeiten, Gelegenheiten und Schicksalsschläge, Privilegien und Handicaps, sogar Ernährungsgewohnheiten. Und vieles mehr.

Soziale Luft. Das ist es, was die Eltern eingeatmet haben. Es hat Trampelpfade in ihrem Gehirn gelegt, denen ihr Empfinden und Verhalten fast automatisch folgen. Die Erwartungsatmosphäre der Eltern ist die Luft, die die Kinder einatmen. So können Erfahrungen von Generation zu Generation weitergegeben, vererbt werden. Zwei kleine Beispiele mögen das bebildern.

- Da haben sich die Psychologen mal wieder etwas ausgedacht. Sie haben das Schreien eines Säuglings auf Band aufgenommen. Ein und dasselbe Geschrei haben sie verschiedenen Versuchsgruppen vorgespielt. Einmal sagten sie: »Es ist ein Mädchen, das schreit.« Prompt fand die Mehrheit der Zuhörer: »Das klingt aber traurig. Sie hat Kummer!« Einer anderen Gruppe sagten sie: »Es ist ein Junge, der schreit!« Da meinte die Mehrheit der Zuhörer spontan: »Das klingt aber wütend. Er ist sauer!«

- Verblüfft waren auch die Mitarbeiter eines schwedischen Kindergartens. Sie gaben sich große Mühe, Mädchen und Jungen ganz gleich zu behandeln. Nur ja keinen Unterschied machen. Dann aber kamen wieder die Psychologen. Stillschweigend haben sie das Verhalten der Mitarbeiter ein paar Monate lang beobachtet. Ergebnis: Ganz selbstverständlich wird von Mädchen – beim Wegräumen des Essensgeschirrs, beim Aufräumen – mehr Mitarbeit erwartet. Ganz unbeabsichtigt wird Jungen zugestanden, dass sie sich daran nicht in gleicher Weise beteiligen müssen und auch mal stören und rumhampeln dürfen. Die Mitarbeiter wollten es kaum glauben.

Zupacken, zuhören

Die Zeiten ändern sich. Zwar ist es in bestimmten Berufen immer noch vorteilhaft, sicher und schnell zu handeln, ohne viel Worte: bei der Feuerwehr, auf dem Bau, im Rettungswesen, am Operationstisch, bei der Leitung eines Betriebes. Aber heutzutage ist fast keiner dieser Berufe ausschließlich Männern vorbehalten. Beide Geschlechter, Frauen und Männer, sollten das können: zupacken und zuhören. Betriebschefs beispielsweise, die sowohl rasch entscheiden als auch Kontakte und Betriebsklima pflegen sowie auf Vorschläge und

Anliegen ihrer Mitarbeiter eingehen, gelten inzwischen als besonders erfolgreich.

Vor allem jedoch: Menschen können lernen, ihre Vernunft zu gebrauchen, selbst wenn Gefühlsreflexe und heftige Gefühle mit im Spiel sind. Das menschliche Gehirn ist plastisch, formbar. Menschen können sich entwickeln, ihr Leben lang. Wenn sie dazu bereit sind.

Als sie sich kennen lernten, waren beide Mitte zwanzig. Für keinen von beiden war es die erste Beziehung.

Was ihr an ihm gefiel war, dass ihn fast nichts aus der Ruhe zu bringen schien. Auch in kritischen Situationen blieb er cool. Er war nicht genervt durch ihre vielen Fragen. Auf alles wusste er eine Antwort. Zwar glaubte sie ihm nicht immer, und mit der Zeit merkte sie auch, dass nicht immer ganz stimmte, was er ihr erklärte. Aber er gab sich so viel Mühe, ihr alles plausibel zu machen, dass sie nichts sagte und ihn für seinen Eifer auch ein bisschen bewunderte. Anfangs kam sie sich manchmal wie eine Kletterpflanze vor, die sich an einem Stamm hochrankt. Der Stamm war er, zuverlässig, fest, durch alle ihre Zweifel nicht zu erschüttern.

(Er-)Wachsen

Zwanzig Jahre später. Die Kinder gehen aus dem Haus. Schön, dass er Erfolg hat im Beruf, den hab' ich auch, denkt sie. Selbst wenn sie immer noch viele Fragen hat, und bei Entscheidungen oft hin und her überlegt, was ihn gelegentlich irritiert – sie fühlt sich dabei nicht unsicher. Sie weiß, was sie will. Sich an ihn anlehnen, ja das würde sie gerne, aber nur hin und wieder. So anlehnungsbedürftig wie einst ist sie längst nicht mehr. Wie eine Schlingpflanze, die ihn als Stütze nötig hätte, nein, so fühlt sie sich überhaupt nicht. Eher wie ein kräftiger Baum, vierzig Jahre alt. So alt ist sie inzwischen ja auch. Schade, dass er das nicht sieht. Immer noch behandelt er sie wie ein kleines unsicheres Mädchen. Er verwechselt das Bedürfnis nach Kontakt und Anlehnung mit Unsicherheit. Das irritiert sie.

 Irgendetwas ist nicht mehr wie einst, denkt er. Sie fragt ihn kaum noch. Selbst wenn sie ihm eine Frage stellt, weiß sie offenbar ganz genau, was sie will. Ist das ihre Art, seine Zustimmung zu dem zu erlangen, was sie ohnehin entschieden hat? Er weiß nicht, wie er damit umgehen soll. Unbehaglich fühlt er sich dabei. Früher war alles doch viel einfacher. Am besten, es wäre wieder wie damals. Da hat sie ihn bewundert, und sie haben sich verstanden.

Na ja, nicht die Hoffnung aufgeben. Nur nicht darüber sprechen. Vielleicht sind es ihre Wechseljahre. Vielleicht gibt sich das bei ihr. Dann wäre wieder alles o.k., so wie damals, als sie verliebt waren.

Jeder von beiden hofft so vor sich hin. Sie verändert sich. Das irritiert ihn. Sie möchte nun auch ihre Beziehung verändern. Aber sie traut sich nicht, das offen anzusprechen. Denn sie ist sich selbst nicht so sicher. Deutlich spürt sie sein Unbehagen. Darum schont sie ihn, und sich auch. Sie hofft, er wird von selber merken, dass sie anders geworden ist.

 Er hat das natürlich gemerkt. Aber soll er das von sich aus zum Thema machen? Niemand verzichtet gerne auf seine Gewohnheiten. Keiner gibt freiwil-

lig eine dominante Position auf, schon gar nicht wenn sie bedroht ist. Und reden ist sowieso nicht sein Ding. Darum schaut er weg. Er hofft, sie kriegt sich wieder ein.

Je mehr er wegschaut, desto heftiger spürt sie, dass sich etwas verändert hat. Je unverkennbarer sie sich verändert, desto mehr schaut er weg. Bloß, das nützt wenig. Die Unterschiede zwischen ihnen verschwinden deshalb noch lange nicht.

Bäume, die dreißig Jahre nebeneinander her wachsen, entwickeln sich. Sie entwickeln sich unterschiedlich. Mit der Zeit sind sie nicht mehr so beweglich und anpassungsfähig wie in jungem Alter. Sie werden fester, sie brauchen mehr Platz. Jeder entwickelt seinen Charakter, sein ganz eigenes Profil. Wo sie zu nahe beieinander stehen, kommen sie sich ins Gehege oder sie verkümmern.

Wachstumsfolgen

Bäume können nicht miteinander reden. Menschen schon. Es ist kurios: Je weniger Paare darüber sprechen, was sie voneinander unterscheidet, desto mehr beschäftigt es sie. Je mehr sie miteinander im Gespräch sind, desto häufiger reden sie auch über das, was sie verbindet: nämlich ihre Unterschiede. Die kommen im Laufe der Zeit immer offensichtlicher zum Vorschein.

Zu Beginn ihrer Paarbeziehung haben beide möglicherweise abgesprochen, wer im Beruf bleibt und wer bei den Kindern, wenn Kinder kommen. Wer welche Pflicht im Haushalt übernimmt. Vielleicht sogar, wer für die Außenkontakte der Beziehung sorgt und wer für Atmosphäre und Behaglichkeit im Inneren zuständig ist. Über die psychischen und emotionalen Rollen und Komplementärrollen hingegen, die sich die

Partner zuteilen, fällt fast nie ein Wort. Die werden unbewusst aufgeteilt, wenn das Paar noch frisch verliebt ist. Da steht in dem unausgesprochenen Paarvertrag, von dem schon die Rede war, dann zum Beispiel:

- Ich schaffe Probleme – ich löse Probleme.
- Ich bin sicher – ich wirke eher unsicher.
- Ich werde leicht ärgerlich – ich sorge für Ausgleich und lenke ein.

Oder es spielt sich wie von selbst ein, was der eine in den Vertrag hineinschreibt:

- Ich werde führen – du wirst folgen.
- Läuft etwas schief, habe nicht ich die Schuld – die Schuld hast stets du.
- Ich übernehme keine Verantwortung – dafür bist du da.

Und so weiter.

Die Zuschreibung solcher Aufgaben ist oft schon von Anfang an unausgewogen. Das tritt nun nach einigen Jahren des Zusammenlebens unübersehbar zutage. Was tun?

Darüber miteinander reden. Die Paarbeziehung neu verhandeln. Sie veränderten – äußeren und inneren – Gegebenheiten anpassen. Das ist nicht immer einfach. Nur: Wer das nicht tut, wundert sich dann eines Tages, dass der andere so anders geworden ist, und versteht das nicht.

7

Unterschiede

»Wozu braucht man Männer? Um schwere Lasten zu tragen und Spinnen zu töten.« So hörte ich es neulich von einer Bekannten.

Wow! Was für ein weibliches Selbstbewusstsein! Ist das alles, was wir Männer können? Frage ich mich als Mann. Dann kommen auch noch die Biologen und erklären: Jungen kommen als das schwächere Geschlecht auf die Welt. Sie gehen »häufiger als Aborte ab als Mädchen«, »männliche Frühgeborene (sind) empfindlicher und ... sterben häufiger als weibliche« (Hüther 2009, S. 95). Babyforscher melden zudem: Männliche Säuglinge schreien öfter als die weiblichen. Sind Männer von Natur aus benachteiligt?

Zwar haben sie genau wie die Mädchen 46 Chromosomen im Kern fast jeder Körperzelle, in Haut und Knochen, im Gewebe, den Drüsen und im Gehirn. Dort treten 44 Chromosomen hübsch paarweise auf, immer eines vom Vater und eines von der Mutter. Die übrigen zwei sind die Geschlechtschromosomen X und Y.

Frauen haben zwei X-Chromosomen. Das ist offensichtlich von Vorteil. Ist eines der Chromosomen fehlerhaft, so können die Zellen zum Ausgleich des Schadens auf das andere Chromosom zurückgreifen. Bei Männern geht das nicht. Denn Männer haben nur ein X-Chromosom – und ein im Vergleich zum X-Chromosom winziges Y-Chromosom.

Nun liegen auf den X-Chromosomen auch noch besonders viele der angeblichen Intelligenz-Gene, während das Y-Chromosom mit Intelligenz offenbar nichts zu tun hat. Männer sind deswegen nicht notwendigerweise dümmer als Frauen:

Auch auf den anderen geschlechtsneutralen 22 Chromosomenpaaren sind Intelligenz-Gene angesiedelt. Doch auf dem X-Chromosom sind sie verhältnismäßig zahlreich anzutreffen. Diesen Anteil bekommt der männliche Säugling auch ab, allerdings von der Mutter.

Die 78 aktiven Gene des Y-Chromosoms bestimmen ganz überwiegend das vorgeburtliche Heranwachsen des männlichen Fötus, die spätere Ausbildung männlicher Merkmale und die Fortpflanzungsfähigkeit des Mannes. Sie blocken schon früh im Mutterleib die Entwicklung der Eierstöcke ab und lassen stattdessen Penis, Hoden und Prostata entstehen. Sie sorgen dafür, dass sich vor allem ab der Pubertät der Körperbau des Jungen anders entwickelt als der des Mädchens, dass er später eine tiefere Stimme bekommt, einen Bart und mehr Haare am Körper hat, dass sich seine Brustwarzen nicht zu Milchdrüsen ausbilden, dass er im Durchschnitt etwas größer, etwas schwerer und beim Laufen etwas schneller ist als Mädchen. Im Durchschnitt. »Männer haben einen anderen Körper« und »Männer haben ein anderes Gehirn«, schreibt deshalb der Neurobiologe Gerald Hüther (2009, S. 56f., S. 60) und streicht die Unterschiede heraus. Es ist aber auch nicht falsch zu sagen: Männer haben fast das gleiche Gehirn wie Frauen, das allerdings anders vernetzt ist und daher anders arbeitet. Weil indessen »menschliche Gehirne ... viel plastischer und formbarer sind, als das selbst die Hirnforscher vor einigen Jahren noch geglaubt hatten« und weil sie täglich dazulernen können (Hüther 2009, S. 58f.), darum gibt es nicht wenige Frauen, die besser einparken können als der durchschnittliche Mann.

Testosteron und die Folgen

Bereits vor der Geburt geht es los mit den Unterschieden zwischen Jungen und Mädchen. Zwar kann man das auch mit modernen Tests erst in der 8. Woche erkennen und im Ultraschall ab der 19. Woche sehen. Doch schon früh produzieren die Hoden und in sehr geringem Umfang die Nebennierenrinde das Sexualhormon Testosteron. Das fließt bereits im Mutterleib durch den Körper des männlichen Fötus, durchspült auch sein Hirn und hinterlässt dort nachhaltige Eindrücke. Zwar stellt der Körper der Frau ebenfalls Testosteron her. Doch benötigen Frauen im Vergleich zum Mann nur einen Bruchteil dieses Hormons.

Testosteron steuert das Verlangen nach Sex, bei beiden Geschlechtern. Bei Männern indessen tritt es konzentriert auf. Es bewirkt auch die Produktion der Spermien. Je mehr Mann von diesem Hormon hat, desto stärker ist seine Libido, seine Lebensenergie, sein Impuls sich durchzusetzen, seine Leistungsfähigkeit, seine Ausdauer, sein Durchhaltevermögen. Darum nutzen manche Spitzensportler Testosteron als Dopingmittel, es vermehrt die roten Blutkörper im Blut und erhöht die Kampfbereitschaft. Darum lassen Bodybuilder sich Testosteronspritzen verabreichen, es beschleunigt und verstärkt den Aufbau ihrer Muskulatur und – wie sie hoffen – ihre männliche Attraktivität. Bei Männern, die in einer festen Paarbeziehung leben, sinkt der Testosteronspiegel. Werden sie Singles (nach einer Scheidung, vielleicht auch wenn die Frau auf Kur ist), so steigt er wieder an – auf dem Tummelplatz der Paarbeziehungen gilt es, Eroberungen zu machen. Dazu muss Mann Signale männlicher Anziehungskraft ausstrahlen. Bei Finanzhändlern, die in New York, London oder Frankfurt als Makler an der Börse zocken, wirkt das Hormon wie eine Droge: Die Gewinnsucht steigert den Testosteronspiegel, der seinerseits Gewinnsuche und Gewinnsucht antreibt. Geht das Spiel verloren, macht der Makler Verluste, so sackt das Testosteronniveau schlagartig ab. Auch bei Führungskräften – Spitzenpolitiker, Firmenchefs, Wirtschaftsbosse – sind die Testosteronwerte bekanntermaßen hoch. Suggeriert ihnen ein Coach »Du wärst noch mächtiger, noch erfolgreicher, wenn du auch mal auf deine Mitarbeiter hören würdest«, dann bricht fast die Welt zusammen. Das Testosteronkonzentrat in ihrem Leib nötigt sie, genau das nicht zu tun. Wo käme der Leithammel hin, wenn er auf die Herde unter oder hinter ihm hören würde?

Damit sind wir bei unseren Verwandten bzw. Vorfahren, den Säugetieren. Warum bellen Hunde? Warum verteidigt der Platzhirsch sein Revier mit solcher Erbitterung und solchem Getöse? Wieder einmal geht es ums Überleben: um das Überleben der Art, um Fortpflanzung einerseits; darum ein Hoheitsgebiet zu halten, ein Terrain zu erobern oder zu verteidigen andererseits. Testosteron hat wohl mit beidem zu tun. In der Spucke von Fußballspielern, die ein Heimspiel absolvieren, finden sich erhöhte Testosteronwerte: Augenscheinlich spielen sie nicht nur zum Spaß, sondern verteidigen zu Hause auch ihr Revier (vielleicht auch das Überleben des Trainers).

Bleibt allerdings die Frage: Sind sie Spitzensportler – oder Spitzenpolitiker – geworden, weil sie mehr Testosteron haben? Oder entwickeln sie so viel Testosteron, weil sie zu Spitzensportlern – oder Führungskräften – geworden sind?

Bewegungsdrang

Mein Enkel Joshua in London ist fünf Jahre alt und wiegt 26 Kilo. Bewegungsdrang hat er jede Menge. Kommt er zu uns zu Besuch, so räume ich erst einmal alle Sessel aus dem Wohnzimmer. Stattdessen lege ich große Schaumstoffkissen

aus. Auf denen springt und turnt er dann herum, unermüd-
lich, von morgens früh bis abends spät. Gut, er hat wohl etwas
von seinem Vater geerbt, der spielt in der englischen Baseball-
Nationalmannschaft. In London flitzt Joshua mit seinem
Fahrrad im Garten herum oder zur Schule, dass den Erwachsenen der Atem stockt. Abends hat sein Kraftüberschuss die
Eltern erschöpft. Er dagegen ist quietschfidel, und will natürlich nicht ins Bett.

Joshuas Schwester Maya ist drei Jahre alt und wiegt 15
Kilo. Sie ist kleiner und zierlich, aber Bewegungsenergie hat
auch sie, genauso viel wie ihr Bruder. Sie hüpft und tobt
ebenfalls in den Kissen herum, ohne Ende, von morgens bis
abends. Kein Wunder, sie hat ja dieselben Eltern. Wenn sich
ihr Bruder mit seinem Gewicht auf ihr herumwälzt, lacht sie.
Meistens.

Bewegung hat wohl mit der räumlichen Umwelt zu tun,
mit Erkunden, Erobern, Beherrschen eines Territoriums, ei-
nes Reviers. Vielleicht brauchen Jungen das in besonderer
Weise. Dann wäre das auch eine Erklärung dafür, dass so viele
Männer ausgezogen sind, um fremde Länder und Kontinente
zu entdecken, von Marco Polo und Columbus über James
Cook und Amundsen bis hin zur Mondlandung des Neil
Armstrong und seiner Gefährten.

Ich kann nicht sagen, wer von meinen Enkeln sich mehr
bewegt, der Junge oder das Mädchen. Auch sie als Mädchen
hat das Bedürfnis nach Bewegung und Lust daran. Und: Sie
ist beweglicher und schneller als so mancher Junge ihres
Alters. Selbst wenn stimmen mag, dass Jungen mehr Bewegungsdrang haben als Mädchen: Was jeder individuell mitbringt, scheint mindestens ebenso wichtig zu sein.

Womit spielt mein Enkel Joshua? Natürlich mit Autos. Davon
hat er zwei Kisten voll. Lastwagen, Traktoren, Eisenbahnen,
Flugzeuge haben ihn von klein auf fasziniert. Sie verkörpern

auf ideale Weise Bewegung, Größe, Kraft und Krach. Wie die meisten kleinen Jungen konnte er schon im Alter von zwei bis drei Jahren die verschiedenen Wagentypen ein und derselben Autofirma auseinander halten. Was nimmt er zur Nacht, wenn er schlafen soll, mit ins Bett? Ein Kuscheltier? Nein, eine Handvoll Spielzeugautos.

Womit spielt meine Enkeltochter? Als Mädchen müsste Maya sich doch eigentlich an diesen scheußlichen Barbie-Puppen erfreuen. Nun, das tut sie nicht. Anfangs nahm auch sie Autos mit ins Bett. Natürlich gibt es im Kinderzimmer auch Kuscheltiere und – einige wenige – Puppen. Mit beidem spielen sie, wenn auch selten. Sehr viel mehr begeistern sie sich inzwischen für Dinosaurier und Pferde. Er hat es mehr mit den Dinosauriern, sie mehr mit den Pferden.

Unterschiede gibt es also. Doch wo kommen die her? Weil der eine als Junge geboren ist und die andere als Mädchen? Weil die Eltern ihnen einen ganz spezifischen individuellen Gen-Cocktail mit auf den Lebensweg gegeben haben? Weil die Umwelt beim Jungen andere dieser im Gehirn gelagerten Programme abruft und Schaltkreise verstärkt als beim Mädchen? Weil Verwandte und Bekannte den Jungen begrüßen mit »Bist du aber groß und kräftig geworden!« und das Mädchen mit »Siehst du aber hübsch aus!«? Weil also die Kultur der Familie, der Schule, der Gleichaltrigen, des Konsums Mädchen und Jungen verschiedene Dinge als bedeutsam oder überlebensnotwendig erscheinen lässt, ihnen einredet: »So musst du sein, unbedingt!«?

Den Hormonen ausgeliefert?

Jeder weiß es, auch die Zahlen des Statistischen Bundesamtes belegen es: Junge Menschen zwischen 18 und 24 haben die meisten Verkehrsunfälle, doppelt so viele wie die Bevölkerung insgesamt. Überdurchschnittlich viele enden tödlich, besonders bei den Autofahrern. Das liegt sicher an mangelnder Routine und Fahrpraxis: Sie fahren zu schnell, sie halten nicht ausreichend Abstand, sie überschätzen die eigenen Fahrkünste. Es liegt aber auch am Geschlecht: Knapp vier Fünftel der tödlich verunglückten jungen Autofahrer sind Männer, ein gutes Fünftel Frauen. Aus Gründen der Gleichbehandlung müssen die relativ vernünftigen jungen Frauen am Steuer neuerdings die gleichen Versicherungsprämien bezahlen wie die unvernünftigen jungen Männer. Das hat der Europäische Gerichtshof jüngst beschlossen. Ist das nicht ungerecht?

Mit 170 rasen sie nachts über verschlafene Ausfallstraßen. Preisfrage: Wer bei diesem Wettrennen ist schneller, mutiger, risikobereiter, aggressiver? Oder sie demonstrieren ihre junge Männlichkeit am Ende einer Disco-Nacht auf der Heimfahrt im überfüllten Auto. Den Gleichaltrigen beweist man natürlich, wie toll man ist, wie rasant man fahren kann. Unter dem Einfluss von Alkohol oder Drogen hat sich der kleine Rest von Verstand total verflüchtigt. Darum tritt man kräftig aufs Gaspedal. Nur kein Zögern, sonst ist man unten durch. Keine Vorsicht, oft bis zum bitteren Ende.

Es sieht aus wie eine Frage des Überlebens. Häufig spielen die Mädchen dabei auch noch mit. Zeigt sie sich ängstlich, kreischt sie hysterisch, so beweist ihr der junge Held, wie stark und überlegen er ist: Dass er auch noch im Halbrausch jede Situation spielend meistert und sie sicher nach Hause bringt. Zittert sie bewundernd vor sich hin, so ruft sie – ohne dass sie das weiß und ohne dass er das merkt – frühe Erfahrungen wach: Da hat doch schon mal jemand bewundernd gezittert, vor langer Zeit, auf dem Spielplatz. Man hat doch schon damals die eigenen Ängste weggesteckt und bewiesen, wie groß, stark, mutig und toll man ist, egal wie es innen aussieht. Aber nach innen, da guckt man besser nicht hin.

Sind Männer ihrem Testosteron ausgeliefert? »Ich wundere mich immer wieder, wie schnell mein Mann auf dem Spielfeld rennen kann. Zuhause geht ihm schon beim Treppensteigen zu uns in den dritten Stock die Puste aus!«, meinte die Frau des französischen Fußballnationalspielers Pires einmal. Na klar, ist doch auch ein Unterschied: Auf dem Rasen geht es ums Überleben. Da muss man kämpfen, sich durchsetzen, ein Revier erobern oder verteidigen. Es geht um Sieg und Ruhm (und Geld). Dagegen auf Anordnung der Frau Einkäufe zu schleppen, das klingt wenig sexy. Da wird mit Sicherheit nicht viel Testosteron freigesetzt.

Da fällt mir ein: Fußballerinnen gibt es doch auch in Deutschland. Bis 1970 war Frauenfußball noch verboten. Inzwischen gibt es eine Million aktive Frauen mit Lizenz. Mehrfach Europa- und Weltmeister sind sie geworden. 1989 erhielten die Europameisterinnen noch ein Kaffeeservice als Belohnung für den Titel. Inzwischen verdienen einige von ihnen richtig gut. Wenn auch lange nicht so viel wie die Männer. »Die Männer sind schneller und stärker, aber technisch gesehen gibt es keinen Unterschied«, meinte Steffi Jones, früher Weltmeisterin und inzwischen Direktorin beim DFB einmal.

Die Männer sind schneller und stärker – aber nicht alle Männer im Lande sind so schnell, stark und gewandt wie Profi-Fußballerinnen. Wo also liegt der Unterschied? Welche »männlichen« Tätigkeiten und Berufe können Frauen tatsächlich nicht übernehmen? Im sogenannten Sozialismus haben Frauen Lasten geschleppt und im Straßenbau geschuftet. In Bergwerken arbeiten sie noch heute, in Bosnien und anderswo.

Auf die Frage: »Wozu braucht man Männer?« geben die sogenannten Herren der Schöpfung in Griechenland oder Afrika – das habe ich dort selbst wiederholt beobachtet – eine ganz praktische Antwort. Der Mann geht mit leeren Händen voran. Das Privileg, Lasten zu schleppen, überlässt er seiner Frau. Die folgt ihm in einigen Schritten Abstand und transportiert, was schwer ist, auf dem Kopf.

Wenn ich meinen Mann ärgern will,
dann renne ich und setze mich schnell ans Steuer.
Das mag er überhaupt nicht!

8

Männerquote, Männerschleier – alles einmal andersherum

Mein Bruder, der Mathematiker, war vor einiger Zeit in Oman, dem östlichsten Land auf der arabischen Halbinsel. Er hielt eine Gastvorlesung an der einzigen staatlichen Universität dort. Was ihn sehr verblüffte: Der Anteil der jungen Frauen, die Mathematik studieren. Beim Mittagessen erzählte ihm ein Kollege: An der Universität gelte eine Quotenregelung. 50 % der Bewerber um einen Studienplatz sollen männlich sein. Um diesen Anteil zu erreichen lägen die Anforderungen an männliche Studienbewerber um 10 % niedriger als bei den Frauen.

Um keine Missverständnisse aufkommen zu lassen, versicherte der Kollege, der Statistik unterrichtet: Er habe auch schon sehr gute Studenten gehabt. Allerdings seien in seiner aktuellen Vorlesung über partielle Differenzialgleichungen die beiden einzigen männlichen Hörer bereits nach den ersten drei Tagen des Semesters ausgeschieden. Übrig geblieben sind nur noch Hörerinnen, 28 an der Zahl.

Verschleierte Frauen

Andere Lehrkräfte fügten hinzu, die Studentinnen seien hoch motiviert und sehr fleißig. Die jungen Männer würden sich mehr für studienferne Dinge interessieren, sprich Fußball. Sie sind es gewohnt, Frauen für sich arbeiten zu lassen. Und ein Mathematikstudium ist nun einmal mit Arbeit verbunden. Ohnehin brauchen die meisten jungen Männer des Landes einen Studienabschluss nicht wirklich, um im Scheichtum später einen Job zu finden. Außerdem sind in Oman die Eltern der Studenten in der Regel reich. Wenn es drauf ankommt, schicken sie ihre Söhne oft gleich auf Prestige-Universitäten, in den USA oder England. Ihre Töchter können sie ja ohne männliche Aufsicht nicht gut im Westen studieren lassen.

Ihre Männer-Privilegien behalten die Studenten übrigens bei, ob sie anwesend sind oder nicht: Sie betreten die Hörsäle durch die vorderen Eingangstüren. Sie sitzen vorne. Die Studentinnen hingegen benutzen die Hintereingänge der Hörsäle, sie nehmen in den hinteren Reihen Platz. So besteht weniger Gefahr, dass sie die Männer ablenken. Der Landessitte entspricht, dass Frauen nicht aufzufallen haben und sich möglichst unsichtbar machen. Auf dem Uni-Campus laufen sie daher auf anderen, meist schmaleren Wegen. Und natürlich haben sie die Haare mit einem Kopftuch verhüllt.

Verschleierte Männer

Einige tausend Kilometer weiter im Westen, bei dem Berbervolk der Tuareg in der Sahara, tragen dagegen die Männer den Schleier. Tiefblau, gelegentlich auch schwarz ist das Tuch, das der Targi um seinen Kopf wickelt. Es bewahrt die Öffnungen seines Gesichts – Mund, Nase, Ohren – vor Verunreinigung durch Sand, Wind und Fliegen. Häufig sind tatsächlich nur die Augen frei. Im Alltag ist so ein Schleier äußerst praktisch. Tags, bei Temperaturen zwischen 40 und 50 Grad Celsius, verhindert er ein Austrocknen der Haut, nachts, bei Temperaturen im Freien bis zum Gefrierpunkt, hält er warm. Er dient als Schutz vor Sonne und Sandsturm, als Schlafbrille oder Taschentuch, notfalls auch zum Verbinden von Wunden oder als Kaffeefilter. Die Männer tragen ihr Gesichtstuch ständig. Mit der Zeit färbt das Indigo die Gesichtshaut leicht bläulich. Westliche Romantik bezeichnet sie deshalb gerne als die »blauen Ritter der Wüste«.

Früher lebten die Tuareg vom Handel oder von Überfällen auf Oasen. Noch heute befördern ihre Kamelkarawanen Salz, Datteln, Hirse und andere lebensnotwendige Dinge durch Hoggar, Tassili und die Steinebenen der zentralen Sahara. Die Gebiete, in denen sie siedeln, liegen ungefähr zwischen Algerien, Libyen, Mali und dem Niger. Sie sind ein stolzes Volk mit dem strengen Ehrenkodex einer Drei-Klassen-Gesellschaft von Adligen, Handwerkern sowie abhängigen Bauern, und Sklaven. Auf dem Weg von einer Wasserstelle zur anderen sind die Männer mit ihren Kamelen noch heute oft wochenlang unterwegs. Das hat zu einer strengen Arbeitsteilung geführt.

Im Zelt herrscht die Frau. Sie empfängt die Gäste. Sie ist Herrin des feierlichen Teezeremoniells. Die Frauen der Adelsschicht vermitteln ihren Kindern die traditionellen Wertvorstellungen, den Schatz an Sprichwörtern und Weisheiten ihres Volkes, außerdem die dem Tamaschek, der Sprache der Tuareg, entsprechende Schrift, das Tifinagh. Bei Reiterspielen versuchen die jungen Männer ihre Auserwählten zu beeindrucken. Wem das misslingt, der wird von den Mädchen gnadenlos verspottet. »Wunden, die Eisen schlägt, heilen. Wunden, die die Zunge schlägt, heilen nicht«, sagt deshalb ein einheimisches Sprichwort. Sie sind ein fröhliches Volk, das gerne feiert und lacht. »Lachen schafft Vertrauen. Wo nicht gelacht wird, gibt es Streit« – eine andere ihrer Weisheiten. Auf Festspielen und in Liebeshöfen werben die jungen Männer mit Liedern und Gedichten um die Gunst der Mädchen. Doch die jungen Frauen sind selbstbewusst. Sie wählen ihren Mann selbst. Sie dürfen ihn auch verstoßen.

Von alters her gehen die Frauen unverschleiert. Die offene Form des Islam, die die Tuareg praktizieren, lässt Raum für mitgebrachte religiöse Sitten. Doch sind bei ihnen Männer und Frauen gleichgestellt, anders als bei den Arabern.

Noch einmal 2000 km weiter leben auf den Bissagos-Inseln vor der Küste des kleinen westafrikanischen Staates Guinea-Bissau die Bidjogo. Es ist ein kleines kriegerisches Volk. In alten Zeiten überfielen sie gerne Küstenorte vor ihren Inseln. Jahrhundertelang waren sie in Sklavenjagd und -handel verwickelt. Heute ist Guinea-Bissau einer der wichtigsten und gefährlichsten Umschlagplätze auf der Drogenautobahn von Südamerika nach Europa.

Der Ethnologe Hugo Bernatzik besuchte 1934 als erster europäischer Forscher diese »geheimnisvollen Inseln«, wie er sie nannte. Seine Beobachtungen: »Der Ausdruck ›schwaches Geschlecht‹ passt übrigens auf die weiblichen Bewohner von Orango gar nicht. Ich erfuhr bald, dass hier weitgehend Mutterrecht herrscht. Hier wählt das Mädchen den Mann, es gibt keine Mauerblümchen, die unbeachtet vertrocknen müssen, wenn sie von den Herren der Schöpfung nicht für begehrenswert erachtet werden. Im Gegenteil! Sobald das junge Mädchen geschlechtsreif geworden ist und die feierliche Aufnahme in den Stamm mitgemacht und dadurch die Volljährigkeit erworben hat, ist es sich auch schon über seine Gefühle im Klaren und wirbt offiziell um den Mann seiner Wahl: Es stellt eine Schüssel voll Reis vor die Hütte seines Auserwählten. Nimmt dieser die auf solche Art vorgebrachte Werbung des Mädchens an, so bekundet er dies auf die denkbar einfachste Weise: Er verspeist den Reis und verbringt dann eine Probenacht mit dem Mädchen. Findet dieses nun weiter Gefallen an dem Gefährten, so wiederholt sich die Zeremonie mit der Reisschüssel. Nimmt der Mann das Angebot wieder an, so zieht er in das Haus des Mädchens, das dieses in fürsorglicher Weise selbst erbaut hat, und das Paar gilt als verheiratet, bis – die Ehegattin eines Tages die Habseligkeiten ihres Mannes vor das Haus legt und damit eindeutig kundtut,

dass sie nicht mehr gewillt sei, das Joch der ehelichen Ge-
meinschaft zu tragen.

Steht es also jederzeit im Belieben der Frau, sich von ihrem
Manne zu trennen, so fehlt den Männern ein derartiges Recht
völlig …

Diese Rechte tragen bei den Frauen in hohem Maße zur
Entwicklung ihrer Persönlichkeit bei, während die Männer,
soweit ich das beobachten konnte, zumeist eine geradezu
kindliche Schüchternheit dem anderen Geschlecht gegenüber
an den Tag legen. Im Gegensatz zur Frau hat der Mann auch
keinerlei Recht, die Scheidung zu verlangen und darf erst aufs
Neue heiraten, wenn ihn seine Frau vor die Tür gesetzt hat.
Die Kinder sollen im Falle der Scheidung merkwürdigerweise
dem Manne gehören …

Die Besitzverhältnisse sind auf Orango streng geregelt.
Auch hier tritt zutage, dass die Frau der wirtschaftlich stärkere Teil ist. Die Häuser sind das Eigentum dessen, der sie erbaut hat, gehören also fast immer der Frau. Es kommt allerdings auch vor, dass der Mann ein Haus baut, um in den
Augen der Frauen begehrenswerter zu erscheinen. Doch
macht er es in einem solchen Fall meist der Frau, die ihn zum
Gatten erwählt, zum Geschenk …«

Frauen sind also die Familienoberhäupter. Sie können auch
mit zwei Männern gleichzeitig verheiratet sein. Wer aber ist
für die kriegerischen Unternehmungen zuständig? »Gerade
die Frauen seien es, die die Männer dazu anspornten, Kriege
zu führen, und alle jene mit ätzenden Spottreden überschütte-
ten, die ihnen als Feiglinge erschienen. Das Kämpfen allerdings überließen sie den Männern, die bereits an den Reife-
zeremonien teilgenommen hatten und somit großjährig
waren. Sie selbst begnügten sich damit, in der Heimat zu herrschen und die heimkehrenden Helden huldvoll mit ihrer
Gunst zu beschenken« (Bernatzik 1960, S. 28f., S. 39ff.).

Noch ein Matriarchat

Auf der anderen Seite des Atlantiks in der Karibik, vor der Küste Panamas, leben die Cuna-Indianer auf einigen Dutzend kleiner Koralleninseln des San-Blas-Archipels. Sie wohnen in palmenbedeckten Hütten. Die Männer fangen Fische und Hummer, »rudern zum Festland auf die Felder« oder gehen auf die Jagd. Doch »die Frauen beherrschen die Wirtschaft, sie sind die Händlerinnen und Künstlerinnen und die Besitzrechte werden ausschließlich mütterlicherseits weitervererbt«, berichtet Elisabeth Henze (1993).

Die Cuna-Indianer sind ein freiheitsbewusstes Volk. Lange haben sie sich mit den spanischen Eroberern herumgeschlagen, in jüngster Zeit auch mit einheimischen Diktatoren. Der gegenwärtigen Regierung Panamas haben sie ein gewisses Maß an Selbständigkeit abgetrotzt. So ist es ihnen bis heute ganz gut gelungen, ihre Traditionen, darunter ihre naturnahen Heilmethoden, zu bewahren und »ihre Kultur von fremden Einflüssen freizuhalten … Der Alltag der Inselbewohner hat sich im Laufe der Jahrhunderte so wenig verändert, dass sich die Besucher wie in eine andere Epoche versetzt fühlen … Hektik und Stress kennt man auf diesen Inseln nicht. Abends finden sich die Frauen im ›Rathaus‹ ein, zu einem Treffen, auf dem die täglichen Probleme, Streitfälle und Ereignisse besprochen werden. Die Zusammenkunft ist locker und völlig zwanglos, die Frauen gehen ein und aus, wie es ihnen gerade in den Sinn kommt.«

Feste feiern sie gerne. Auch das Handeln und Feilschen, wenn die Frauen ihre kunstvollen Stickereien in der Provinzhauptstadt oder an Touristen auf den Kreuzfahrtdampfern verkaufen, ist fast wie ein Fest. Ein besonders wichtiger Brauch ist »das Mündigwerden eines jungen Mädchens. Dieses Fest wird drei Tage und drei Nächte lang gefeiert. Es werden viele ›Chichas‹ getrunken, Hummer, Fisch und andere

Köstlichkeiten genossen, es wird geraucht und getanzt. Das betreffende Mädchen hat allerdings nicht viel von dem Fest. In einer dachlosen Hütte bleibt es während des gesamten Festes isoliert und wird regelmäßig mit kaltem Wasser begossen – eine symbolische Reinigung. Gegen Ende der Zeremonie wird ihr dann das lange schwarze Haar abgeschnitten. Das Cuna-Mädchen ist jetzt ›heiratsfähig‹ und darf sich ihren Mann aussuchen, der zu ihr und ihrer Familie zieht … Für einen Cuna-Mann ist es ganz selbstverständlich, nach der Heirat zur Familie seiner Frau zu ziehen und für deren Vater zu arbeiten. Das Eigentum gehört allen zusammen – mit Ausnahme der Kokospalmen« (Henze 1993).

Gewohnheiten legen fest

Was dieser Streifzug durch vier fremde Kulturen besagen möchte? Zweierlei.

Die erste Erkenntnis hat mit logischem Denken zu tun. Vielleicht haben auch Sie in der Schule gelernt, wie man eine allgemeingültige Aussage mit nur einem einzigen Gegenbeleg zu Fall bringen kann. Dazu das bekannte Beispiel: »Alle Schwäne sind weiß.« So ist unsere Alltagserfahrung mit erwachsenen Schwänen. Sie prägt erst einmal das Bild, das wir uns von diesem eleganten und mythischen Vogel machen. Nun gibt es aber nicht nur in Australien den Trauerschwan; der ist schwarz. Dadurch wird der Satz »Alle Schwäne sind weiß« widerlegt. Auf Männer und Frauen angewandt: Welche Charaktere sie haben, wie sie »von Natur aus« sind, wer von ihnen dominant sein und wer sich unterordnen sollte, lässt sich nicht mehr sagen, wenn es auch nur eine Gesellschaft gibt, in der alles ganz anders ist. Das ist eine Frage der Konsequenz.

Die zweite Erkenntnis: Denkgewohnheiten, also das, was wir gewöhnlich, wieder und wieder sehen und erfahren, haben ein zähes Leben. Von Generation auf Generation vererbt, prägen sie, ohne dass wir es wissen und merken, unseren Blick auf die Welt, auf das, was wir für Natur halten: Wie Frau zu sein hat, wie Mann zu sein hat. Deswegen sind solche Traditionen ernst zu nehmen. Wenn sich das Umfeld, wenn sich die Lebensbedingungen ändern, ist ihr Gewicht und ihre Schwere in Rechnung zu stellen.

Veränderungen werden ihre Zeit brauchen. Aber sie werden nicht aufzuhalten sein. Gerade wenn man weiß: Im Laufe der Entwicklung, vom Einzeller zum komplexen Wesen, das der Mensch nun einmal darstellt, hat sich die »Natur« immer wieder geschickt neuen Bedingungen und einem veränderten Umfeld angepasst.

Nach der Arbeit habe ich eingekauft,
Essen gemacht, abgewaschen,
mich um die Kinder gekümmert,
sie ins Bett gebracht, aufgeräumt.
Jetzt willst du auch noch Sex mit mir –
ich bin fertig!

9

Der ewige Hausbau

Hausbau ist Sache des Mannes – bei den Schwalben. Das Erste, was die Männchen machen, wenn sie im Frühling aus Afrika heimkehren, ist das Nest zu reparieren. Innen statten sie es mit zarten Halmen oder zusätzlich mit weichen Federn aus. Je besser die Renovierung gelingt, desto mehr Pluspunkte bringt das bei der Partnerwahl. Denn wenn das Weibchen – etwas später – aus dem fernen Süden landet, schaut sie sich die Reparaturarbeiten des Männchens genau an. Und ist sie nicht zufrieden, so wählt sie möglicherweise ein anderes Nest – und einen anderen Mann.

Hausbau ist Sache des Mannes – auch bei den Menschen. Zumindest bei einigen von ihnen. Wie heißt es doch: Ein Mann muss ein Haus gebaut, einen Baum gepflanzt und einen Sohn gezeugt haben. Der Hausbau dauert am längsten.

 Von einem eigenen Heim träumt er schon lange. Als Mieter konnte er die Wohnung nicht so einrichten, wie er sich das vorstellte. Die Wohnung gehörte ihm ja nicht. Einen Garten gab es da auch nicht, seine Frau hatte doch immer von eigenen Blumen und eigenem Gemüse geträumt. Die dröhnende Techno-Musik des Nachbarjungen ging ihnen schon lange auf den Geist. Als sein Bausparvertrag fällig wurde, war er richtig glücklich. Die Ausbildung der Kinder war billiger gewesen, als er gerechnet hatte. Die hatten während Lehre und Studium selber hinzuverdient. So stand ein hübsches Sümmchen zur Verfügung.

Eine Wohnung oder ein Haus mitten in der Stadt, das konnten sie sich nicht leisten. Aber außerhalb der Stadt, am Rande des Speckgürtels, waren die Immobilienpreise niedriger. Als sich eine günstige Gelegenheit bot – ein Paar hatte sich getrennt, nach der Scheidung mussten sie das fast vollendete Haus verkaufen, wegen der nicht mehr tragbaren Schulden –, da schlug er zu. Er wollte sie überraschen mit der Nachricht vom eigenen Heim. Sein Herz schlug genauso aufgeregt wie damals, als er ihr – frisch verliebt – den ersten Schmuck um den Hals gelegt hatte. Damals hatte sie gestrahlt.

Verschiedene Sprachen

Jetzt hat er auch noch ein Haus gekauft, ohne dass sie richtig darüber gesprochen haben. Seit einiger Zeit hat er immer wieder Andeutungen gemacht.  Sie weiß, wie wichtig ihm das ist, ein Herzenswunsch. Darum hat sie auch nichts dagegen gesagt, hat nicht widersprochen. Wer konnte auch ahnen, dass er tut, was er sagt? Was soll sie mit einem Haus draußen auf dem Lande? Ihr Arbeitsplatz ist in der Stadt. Die Kinder leben in der Stadt, die wird sie dann noch weniger sehen. Wenn die mal Kinder haben, dann ziehen die sicher nicht in die Siedlung »Waldesruh«. Ihre Freundinnen, alle ihre Bekannten wohnen in der Stadt. Ihr Club ist in der Stadt, das kulturelle Leben spielt sich in der Stadt ab und nicht am Rande eines abgelegenen Dorfes ohne richtige Verkehrsanbindung. Sie bräuchten dann auch noch ein zweites Auto. Wie sollen sie das bezahlen bei den Schulden, die sie jetzt haben? Und wo, um Himmels willen, soll sie denn in der Stadt parken?

Was soll sie bloß mit einem Haus am Waldrand? Sie ist doch noch nicht in Rente!

 Das hat er sich anders vorgestellt. Er kommt und macht ihr das größte Geschenk, das man überhaupt machen kann, ein Haus für die Familie zum Glücklich-Sein. Und was zieht sie? Eine Flunsch. Er ist glücklich – sie ist unglücklich. Was ist bloß mit ihr los? Andere wären selig und würden ihrem Mann um den Hals fallen, wenn er mit solch einem Liebesbeweis ankäme!

Und sie versteht nicht, dass er ihre Bedenken nicht versteht. Warum kann er sich nicht in sie hineinversetzen? Sich mal überlegen, was sie gerne hätte,  was sie braucht, was ihrer Lebenssituation entspricht? Warum gibt er sich nicht mal die Mühe und redet vorher in Ruhe mit ihr? Sondern stellt sie vor vollendete Tatsachen!

 Reden, reden, immer wieder reden! Sie weiß doch genau, das ist nicht sein Ding. Wenn sie jemanden braucht, der sich in sie hineinversetzt, der ihr ständig sagt: »Ich liebe dich, ich liebe dich!«, dann hätte sie einen Doktor heiraten müssen. Er repariert ihr den Wasserhahn. Das ist seine Art zu sagen: Ich mag dich. Das hat sie doch bisher verstanden, oder?

Wieder einmal verstehen beide nicht, warum sie sich nicht verstehen. Es ist, als ob jeder, Frau und Mann, seine eigene Sprache spricht und ganz selbstverständlich erwartet, dass der andere die auch versteht. Vielleicht kämen sie besser miteinander klar, wenn jeder versuchte, den anderen in der Sprache zu verstehen, die er tatsächlich spricht. Es würde sicher auch nicht schaden, wenigsten ein bisschen die Sprache des Partners zu lernen, die Art und Weise, wie er seine Zuneigung und seine Wünsche zum Ausdruck bringt.

Verrechnet

Als Paarberater habe ich oft gedacht: »Ob das wohl gut geht?«, wenn Paare zu mir kamen und dann auch noch berichteten: »Wir sind dabei, ein Haus zu bauen!« oder »Wir bauen unser Haus um!« Wie oft habe ich es erlebt: Kaum ist das Haus oder die Renovierung fertig, da sind auch die Partner so fertig, dass sie nichts mehr miteinander anzufangen wissen. Dann trennen sie sich, sind gezwungen, das wertvolle Objekt ihrer jahrelangen Mühen zu verkaufen, und jeder hockt einzeln und einsam auf einem hohen Schuldenberg.

Was ich gegen Hausbau oder Wohnungsrenovierungen habe? Nichts. Ich habe nur einige Erfahrungen gesammelt. Andere haben sie gemacht:

- Bauen oder Renovieren dauert immer länger, als man denkt.
- Bauen oder Renovieren wird immer teurer, als man glaubt.
- Termin- und Kostendruck verursachen zusätzlichen Stress.
- Um Unkosten oder Schulden in Grenzen zu halten, packen beide mit an. In jeder freien Minute wird Sand geschippt. Oder sie klebt Tapete, er legt Elektroleitungen, am Samstag, am Sonntag, Wochenende um Wochenende.
- Während der Bauperiode bleibt kein Euro übrig für Vergnügen, für Essengehen, Kino oder Urlaub.
- Am Ende sind beide total ausgelaugt und erschöpft. Jeder hat einen Traum von dem Paradies, das ihn jetzt im neuen Heim erwartet. Nur jeder träumt einen anderen Traum.

Werte Leserin, werter Leser, wenn Sie selber gerade am Bauen sind, lassen Sie sich durch diese Erfahrungen nicht entmutigen. Aber lassen Sie Ihre Seele auch nicht vertrocknen, und Ihre Liebe und Lust aneinander nicht verkommen. Als Sie sich mit Ihrem Partner, Ihrer Partnerin zusammengetan haben, haben Sie gehofft und sich versprochen, angenehme Zeit miteinander zu verbringen. Vergessen Sie das nicht, selbst wenn Sie am Bau arbeiten. Ihre Seele kann eine Menge aushalten, wenn Sie ihr hin und wieder zuzwinkern. Wenn Sie zum Beispiel mal eine Pause machen, einen trinken, essen oder tanzen gehen. Wenigstens ein Mal im Monat. Das können Sie sich nicht leisten? Wenn Sie am Ende Ihren Bau verkaufen müssen, weil Sie sich gegenseitig nicht mehr ausstehen können – dann kommt Sie das sehr viel teurer zu stehen.

Machen oder machbar?

Geknickt sitzt sie da. Eigentlich wollte sie gar nicht zum Gespräch kommen. Denn sie weiß: Sie wird ihn ohnehin nicht ändern. Er baut gerne. Er baut schön, alles, was er macht, gefällt ihr. Er baut gründlich. Da er nebenbei auch noch einen Beruf hat und Geld verdienen muss, dauert alles ewig.

Sie weiß auch: Er wird nie zu einem Ende kommen mit dem Bauen. Denn im Bauen verwirklicht er sich selbst. Wäre der Bau fertig, wüsste er nicht, was er tun sollte. Er würde sich zu Tode langweilen. Nein, nein, das stimmt so nicht. Er würde sofort anfangen zu renovieren, oder noch ein Haus bauen. Um zu leben, muss er etwas tun. So ist er. Ohne Bauen hat sein Leben keinen Sinn.

Angefangen hatte es, als sie mit dem ersten Kind schwanger war. Inzwischen ist das zweite drei, und immer noch sind Küche und Badezimmer nicht fertig. Im Flur liegt ständig sein Handwerkszeug herum, und Schmutz. Die Kinder tragen den Dreck von einem Raum in den nächsten. Eines Tages war sie mit ihrer Geduld am Ende: »Wenn das Bad nicht bis Juni fertig ist, beauftrage ich eine Baufirma!« Oh, war er gekränkt!

Sie traut ihm nicht zu, dass er bauen kann. Und welche Firma steigt schon ein, wenn nur noch ein paar Kleinigkeiten zu machen sind? Die Kleinigkeiten dauern am längsten. Da lässt sich auch nichts dran verdienen. Sie ist selber schuld, dass es so lange dauert. Sie wollte das Bett aus Nussbaum. Das brauchte seine Zeit. Sie wollte einen Wickeltisch für die Kinder. Sie wollte im Garten ein Beet für Küchenkräuter. Sie wollte, dass am Eingang Blumen blühen. Natürlich dauert alles viel länger, wenn man verschiedene Dinge gleichzeitig tun muss.

Er macht ja gerne, was sie sich wünscht, ihr zuliebe. Wenn sie es dann hat, ist sie doch auch glücklich.

Zu diesem Paar könnte man fast sagen: Mit dem Bauen beweisen bauende Männer ihren Frauen, wie sehr sie sie lieben. Und weil sie zu sehr lieben, werden sie nie fertig mit dem Bauen.

Aber es gibt noch einen anderen Grund, warum Bauen, Renovieren oder Reparieren ewig dauern kann. Wieder einmal ist ein Missverständnis im Spiel, von dem die Beteiligten nicht die geringste Ahnung haben. Sie bittet ihn um eine Reparatur. Er schaut sich das Problem an (mit der männlichen Selbstgewissheit: »Es gibt keine Probleme, es gibt nur Lösungen«). Er stellt fest: Das ist kein Problem. Er sagt: »Das lässt sich machen.« Sie hört von ihm: »Ich mache das.« Sie denkt und erwartet daher: Er macht es. Für ihn jedoch bedeutet, wenn er sagt: »Das lässt sich machen« oder »Ich mache das«: »Es ist machbar. Wenn ich mal Zeit habe, werde ich es machen. Im Augenblick habe ich noch eine Menge anderer Dinge zu tun. Irgendwann werde ich dazu kommen.«

Sie ist sauer und hält ihn für unzuverlässig, weil sie feststellt: Er hat es immer noch nicht getan. Er versteht nicht, warum sie schon wieder rummeckert. Er wird es schon machen, irgendwann.

Was bau- und reparaturbegabte Männer oft verwechseln: machbar und machen. Was machbar ist, ist noch lange nicht gemacht.

Ein Haus ist nie fertig

Nicht jeder Mann möchte ewig bauen. Mancher träumt auch davon, fertig zu werden und das Werk befriedigt und mit Genuss zu betrachten. Dazu kommt er indessen oft nicht. Sein Bautrieb treibt ihn an, etwas zu verbessern, zu verändern, hinzuzufügen.

Die Frau treibt ihn an, weil sie es endlich ganz fertig haben möchte. Die Frau treibt ihn an, weil sie es wieder anders haben möchte. Weil inzwischen renoviert werden muss, er ist aber noch gar nicht fertig geworden. Weil inzwischen die Kinder ausgezogen sind und alles zu groß ist. Weil inzwischen alters- und rollstuhlgerecht umgebaut werden muss. Weil sie inzwischen ausgezogen ist, weil sie vom ewigen Bauen die Nase voll hat.

Es gibt aber auch Paare, die nutzen das Haus, um von sich und ihrer Beziehung abzulenken. Er ist Apotheker, sehr beschäftigt, kommt regelmäßig spät heim. Sie haben ein großes Haus und eine Finca in Spanien. Als Ersatz dafür, dass er so wenig zu Hause ist, zahlt er ihr eine Haushaltshilfe (von der sie allerdings meint, sie tauge nichts). Sie hält das Haus supersauber, kümmert sich um Haushalt und Garten. Sie übernimmt den Taxidienst für die pubertierenden Kinder und arbeitet noch mit dreißig Stunden in der Stadtverwaltung. Kommt er um halb acht nach Hause, hat sie mit den Kindern bereits gegessen und sitzt vor dem Fernseher. Er streicht sich seine Stullen. Gemeinsame Zeit finden sie keine. Beide haben ja so viel zu tun.

Auch so leben Paare.

10

Potenz und PS

Früher war er unser Nachbar, der Zahnarzt. Jahrzehntelang hatte er Gebisse gepflegt. Vor allem weibliche Kundschaft öffnete ihm gerne den Mund, und nicht selten auch das Herz. Als die Rente näher rückte, überlegte er, was er jetzt tun solle. Er hatte genug davon, in offene Rachen zu schauen oder Rosen und Rasen seiner Vorstadtvilla zu schneiden. Er überlegte: Was willst du in den nächsten Jahrzehnten machen: Auf Batik malen? Afrikanisch trommeln? Suaheli lernen? Da hörte er den Spruch:

Männer fahren Auto.
Herren fahren Mercedes.
Kerle fahren Motorrad.

Sein Entschluss stand fest, er entschied: Batik-Malkurs, Trommeln und Suaheli können warten. Wenn du alt bist, kannst du das immer noch lernen. Jetzt machst du erst mal deinen Motorradführerschein. Zur Fahrschule fuhr er mit seinem Porsche.

So wurde er ein Kerl. Was er im Porsche ist – ein Mann oder ein Herr oder was denn nun? Also, ein Porsche ist ja nun etwas anderes als ein Auto und auch etwas anderes als ein Mercedes oder ein BMW – er hat es mir nicht verraten. Fast zwanzig Jahre fuhr er Motorrad, bis zu jener Alpentour. Inzwischen war er über 80. Er wollte die Kurven genauso rasant nehmen wie sein wesentlich jüngerer Freund, kam aber nicht mehr hinterher und blieb mit seinem Motorrad auf der Strecke. Gott sei Dank ist ihm nichts Ernstes passiert.

Das Fahrzeug, die Identität

An Wochenenden über die abgelegenen Straßen der Mittelgebirge donnern, Harz, Hunsrück, Spessart, Schwarzwald, Vogesen. Mal kurz richtig aufdrehen, wenn keine Polizei in Sicht ist. Der Rausch der Kurven lässt kaum Zeit für einen Blick auf die Schönheit von Landschaft und Natur. Nicht auf der Strecke bleiben, sich bei Rot oder bei Stau zwischen Wagenreihen hindurchschlängeln, nur den Anschluss an den Vordermann nicht verlieren.

Sich an den Treffpunkten sammeln, die Maschinen der Kollegen bewundern, sein eigenes Fahrzeug bestaunen lassen, Männerkommentare abgeben. Dann wieder aufs Motorrad steigen und ab geht's. So viel Potenz zwischen den Schenkeln zu haben – ein erregendes Gefühl. Potent sein und jung, vielleicht sogar trotz der Jahre.

Motorräder, Autos verleihen Identität. Das Fahrzeug und das Ich werden schon mal verwechselt. Die Sprache verrät es. »Mir« ist hinten einer reingefahren. »Ich« habe einen Platten. »Ich« habe vorne einen Kratzer, eine Beule. »Ich« stehe vor dem Haus – und sitze doch am Küchentisch. Nichts wird so gehegt und gepflegt wie das eigene Fahrzeug. Die Beziehung vieler Männer zu ihrem Gefährt hat eher mit Lust und Libido zu tun, fast schon mit Anbetung. Sonntagvormittags – das war in vergangenen Jahrhunderten die Zeit von Gottesdienst oder Messe – kniet so mancher vor seinem Wagen nieder, poliert und wienert auch das letzte Stäubchen weg. Auf Autosalons werden die neuesten Modelle nicht nur betrachtet und bestaunt, sondern mit fast religiöser Ehrfurcht angehimmelt.

Joseph Kabila, der junge Staatspräsident des Kongo, würde viel lieber in einem seiner flotten Flitzer Autorennen fahren, statt sich der mühevollen Aufgabe zu unterziehen, ein riesiges Land zu regieren. Andere afrikanische Präsidenten oder Präsidentensöhne haben sich als Spielzeug gleich einen ganzen Fuhrpark teurer Luxuslimousinen zugelegt. Als Joyce Banda in Malawi Staatspräsidentin wurde, kürzte sie erst einmal ihr Gehalt um 30 %. Danach verkaufte sie den Präsidentenjet. Dann mussten die 6 Mercedes ihres Vorgängers, des 78-jährigen Diktators Mutharaki, dran glauben. Das Geld des Landes werde für dringendere Dinge gebraucht, so die Präsidentin. Malawi ist eines der ärmsten Länder der Welt; dort hungern viele Menschen. Als Nächstes sind darum auch noch die luxuriösen Dienstkarossen der Abgeordneten in Gefahr.»Ich bin es gewohnt, per Anhalter zu reisen«, meinte sie lachend dazu.

Frauen haben mehrheitlich wohl einen anderen Bezug zu Automobilen. Für sie ist ein Wagen einfach ein Transportmittel, ein Gerät wie eine Waschmaschine oder ein Kühlschrank. Ob sauber oder dreckig, ist nicht so wichtig. Er soll immer funktionieren und keine Probleme bereiten. Er soll einfach zur Verfügung stehen.

Am Steuer

In Saudi-Arabien allerdings haben Frauen noch nicht einmal das Recht, hinter dem Steuer zu sitzen. Da wurden doch vor einiger Zeit fünf junge Frauen verhaftet, nicht weil sie am Straßenverkehr teilnahmen, sondern weil sie irgendwo abseits im Gelände Autofahren übten.

Und wer hat bei uns den Platz hinter dem Lenkrad inne? Wenn sie alleine fahren, sind es die Frauen auf dem Weg zur Arbeit oder zum Einkauf. Oder sie bringen die Kinder zur Schule und zum Sport. Fährt die Familie, dann ist es meist der Mann. Das scheint traditionell so geregelt zu sein. Stellen Sie sich einmal an die Autobahn und beobachten, wer da fährt.

Zwar zischen Motorradfans nicht immer alleine über die

Landstraßen. Oft umklammert sie von hinten eine lederverkleidete Mitfahrerin. Trotzdem, Autofahren zu zweit ist nicht unbedingt ein konfliktfreies Unternehmen. Neulich traf ich ein Paar, das gerade einen Verkehrsunfall hinter sich hatte. »Sie hat mir immer reingeredet; das hat mich ganz durcheinandergebracht«, erklärte er voller Ärger.

Es ist auch schwer, die Verantwortung wirklich abzugeben, wenn man die Rolle als Beifahrer einnehmen soll und sonst gewöhnlich selbst am Steuer sitzt. Er hat einen anderen Fahrstil als sie. Sie hat andere Gefühle als er.

»Fahr nicht so schnell! Immer fährst du so dicht auf, du hast doch gar keinen Abstand mehr! Wenn der jetzt vor dir bremst …«

 Mein Güte, immer dieses Gekeife, denkt er. Dass da vorne jemand gebremst hat, hat er schon lange gesehen. Ihre Ängstlichkeit geht ihm auf die Nerven. Er fährt halt etwas zügiger, nicht so übervorsichtig wie sie.

Oder sie faucht ihn an: »Jetzt fahr doch endlich los. Es ist schon lange grün!«, und ärgert sich, dass er so lahm reagiert.

 »Das habe ich auch gesehen«, knurrt er zurück. Er hat doch nur kurz in den Rückspiegel geschaut. Genau in dem Moment ist es grün geworden. Sie soll sich nicht so haben, denkt er und ist verstimmt, dass sie ihm wieder einmal reinredet. Das kann er absolut nicht leiden. Außerdem fährt sie auch nicht immer gleich los, wenn grün ist und sie mal am Steuer sitzt.

Oder sie machen gemeinsam einen Ausflug, er das Steuer in der Hand, sie die Landkarte.

 Er schreit: »Wo soll ich nun hinfahren, rechts oder links? Schnell!«

Sie: »Weiß ich doch nicht. Schau doch aufs GPS!«

 »Da ist ne Baustelle. Das ist im Navi nicht drin. Du hast doch die Karte!!«

»Ich kann nicht gleichzeitig auf die Karte und auf die Schilder gucken. Das musst du mir früher sagen!!«

Kennen Sie diese Situationen, in denen man blitzartig entscheiden muss? Sie machen ganz schön Stress. Sie können den Ausflug, auf den sich beide ursprünglich gefreut haben, nachhaltig vergiften. Hier ein paar Tipps von Paaren, die mir verraten haben, wie sie bei Autofahrten zu zweit oder mit Familie einigermaßen stressfrei zum Ziel kommen.

Sie: Ich nehme mir meine Kreuzworträtsel mit oder eine Zeitung, damit ich nicht in Versuchung komme, ihm Vorschriften zu machen.

 Er: Ich sage ihr: »Ich fahre, ich bin am Steuer. Wenn du willst, kann ich anhalten, und du fährst.« Das hilft meistens. Sie fährt nicht gerne Landstraße.

Sie: Ich blicke stur aus dem Fenster und nicht auf die Straße.

 Er: Ihr zuliebe fahre ich etwas defensiver. Ich frage auch, ob ihr das Tempo recht ist. So haben wir beide mehr von der Fahrt.

Sie: Wir legen eine Hörspiel-Platte auf, die uns  beide interessiert. Oder Musik, die wir beide mögen. Dann vergisst er das Rasen.

 Er: Wir erzählen uns, was wir in den letzten Tagen erlebt haben. Da vergesse ich das Rasen.

Beide: Und wenn wir uns mal verfahren, geht die Welt auch nicht unter.

Vater tot am Vatertag

Einmal im Jahr der lange Zug der Motorradfahrer durch die Stadt, wie eine Wallfahrt. Hunderte, tausend Maschinen rollen langsam durch abgesperrte Straßen. Demonstration von Kraft und Stärke. Beeindruckte Zuschauermassen am Straßenrand. Sprachlos, denn der Lärmpegel ist hoch. Man müsste schreien, um sich zu verständigen. Kurze Andacht in einer Kirche, Gedenken an die Kameraden, die im vergangenen Jahr tödlich verunglückt sind.

In der Disco-Nacht, von Freitag auf Samstag, besteht für junge Leute in Europa das höchste Todesrisiko. Davon war schon die Rede. Auch davon, dass zu rund vier Fünfteln junge Männer betroffen sind. Nach Angaben des Statistischen Bundesamtes wird fast sechsmal so vielen Männern wie Frauen der Führerschein entzogen. (Damit wäre auch die alte Streitfrage: Wer fährt besser Auto, Männer oder Frauen, beantwortet.) Manche Männer lassen ihre Frauen nicht fahren, selbst wenn sie getrunken haben und die Frau nicht. Besonders tödlich ist der Vatertag, da sterben dreimal so viele Männer wie sonst. »Du bist kein rechter Mann, wenn du beim Wettsaufen nicht deinen Mann stehst«, scheint die Devise zu sein. Alkoholisiert ans Steuer, im Bewusstsein: »Kein Problem, schaffe ich, locker«, und am Ende des Vatertags gibt es keinen Vater mehr – als Beweis mannhafter Männlichkeit ist das wohl etwas schwach.

Auf die Frau hören, wenn sie sagt: »Lass mich ans Steuer, ich habe Angst, wenn du fährst!«, wäre nicht nur vernünftig, sondern auch mutig. Ein Zeichen von Reife: Auf die Partnerin hören kann den Mann stärken. Auf die Frau hören, selbst beim Autokauf, wie der amerikanische Paarforscher John Gottman (2008, S. 123) empfiehlt: Es kommt die Familie zumeist billiger zu stehen. Es vermeidet unnötigen Streit, denn gewöhnlich sollen Frau und Familie später in eben diesem Auto Platz finden. Bei der Fahrt in den Urlaub passt das Gepäck der Familie auch eher in den Kofferraum. Zusätzlich schafft Hören auf die Partnerin Verbundenheit und das angenehme Gefühl: Es geht uns gut miteinander.

11

Die Kleidung des Mannes –
Territorium der Frau?

»Ich habe nichts zum Anziehen!!«, sagt sie. Sie
steht vor ihrem Kleiderschrank und blickt suchend
hin und her. Sie ist nervös. Das Paar will gemein-
sam ausgehen. Es wird Zeit sich zurechtzumachen.

 Er kommt hinzu. Er möchte ihr beistehen. Auch er
schaut in ihren Schrank hinein und sieht: Kleider,
Röcke, Blusen, Anzüge, jede Menge schicke Sachen. Alles Dinge, die ihr gut stehen, in denen er
sie gerne sehen würde. Hilfsbereit und lösungs-
orientiert wie er nun einmal ist, und weil die Zeit
drängt, sagt er: »Nimm doch das hier!«

»Das ist alt. Das passt doch nicht!«, faucht sie
scharf zurück; verzweifelt fügt sie hinzu: »Ich habe
wirklich nichts mehr zum Anziehen!«

Es ist derselbe Schrank, vor dem beide stehen. Für ihn ist er
supervoll. Für sie ist nichts drin.

 Auf die Frau hören, das sei doch zeitgemäß, denkt
er. Darum schlägt er ihr vor, demnächst einmal
mit ihr einkaufen zu gehen, Kleidung für sie.

Dieses Mal nimmt sie sein Angebot an. Sie wird
ihn dann fragen: »Steht mir das?« Im Grunde ist
ihr egal, was er meint. Sie weiß sowieso besser, was
ihr steht. Sie hat auch mehr Vertrauen in das Urteil

der Verkäuferin als in den Geschmack ihres Gatten. Vor allem: Wenn es teuer wird, dann ist er dabei, denkt sie, dann macht er hinterher keine Bemerkungen.

An die Musik, die im Fachgeschäft für Damenmode im Hintergrund mehr oder weniger leise spielt, erinnern sich beide nicht mehr. Die ist aber von Bedeutung. Bei ruhiger Musik bleiben die Kunden länger im Laden und suchen in Ruhe aus. Bei flotter oder lauter Musik gehen sie früher und kaufen schneller. Für noble Produkte ist zeitlose Musik angesagt, Mozart oder so. Noble Produkte, das sind teurer Schmuck und nicht ganz billige Kleidung, oder auch edle Schokolade. (Bei italienischer Pasta wird natürlich Verdi gegeben.)

Sie sind schon clever, die Marktforscher, die das herausgefunden haben. Sie wissen: Bei einer Weinprobe wird derselbe Wein gut oder weniger gut beurteilt, je nach der Musik, die die Kunden beim Kosten zu hören bekommen. Überhaupt gilt: Frauen mögen es lieber weich und rund, Männer eher handfest, eckig und kantig. Mineralwasser, das Frauen kaufen sollen, wird darum eher in runden, das für Männer eher in eckigen Plastikflaschen angeboten. Männer laufen häufiger mit einem Einkaufszettel durch den Supermarkt, zielstrebig. Frauen lassen sich anregen, sind auch für Sonderangebote empfänglich, schauen herum. Lebensmittel werden überwiegend von Frauen gekauft. Hier spricht die Werbung am liebsten die Frau als Hausfrau und Mutter an. Die lässt sich leichter zum Geldausgeben verführen als die Berufstätige. Auch die alleinstehende Mutter träumt von der heilen Familie. Darum sieht man bei den Fertiggerichten nur Bilder von glücklichen Kindern mit glücklichen Eltern, egal wie unglücklich die Familienbeziehungen in Wirklichkeit sind.

Männliche Ästhetik, weibliche Ästhetik. Wer das beachtet, verkauft besser. Das wissen die Werbepsychologen. Darum bedienen sie skrupellos traditionelle Klischees und Stereotype. Zwar ist das Gender-Marketing jüngst etwas in die Kritik geraten. Doch Kinderklamotten sind dagegen resistent: rosa und hellblau, bis zum Exzess. Im Baumarkt: großes, schweres Werkzeug – das symbolisiert Stärke und Kraft –, beeindruckende Tabellen, technische Details und Zahlen – für ihn. Geräte, klein, handlich, praktisch – für sie.

Bei ihrer und seiner Bekleidung sind die Unterschiede besonders groß. Die Preise ebenso.

Wer zieht wen an?

Sie ist zufrieden mit ihren Einkäufen. Die Hose wird sie noch etwas kürzen müssen, die eine Bluse vielleicht doch noch umtauschen, mal sehen. Ansonsten ist sie happy.

Auch er wirkt auf sie ganz ausgeglichen. Bisher hat er sie freundlich begleitet. Er ist nicht einmal ungeduldig geworden, als sie gezögert und hin und her überlegt hat. Das ist die Gelegenheit, denkt sie. Wann kriegt sie ihn sonst in die Stadt. Wo er doch so ungern Kleidung einkauft. Sie ist es leid, sich Gedanken zu machen, was ihm wohl gefallen würde. Darum sagt sie: »Wo wir schon mal hier sind, können wir auch gleich für dich einkaufen«, und sie lässt keine Zeit für seinen Widerspruch: »Was ist noch mal deine Schuhgröße?«

 »Ich brauche keine Schuhe!«, entgegnet er barsch.

»Aber Socken. Deine haben fast alle Löcher. Zwei neue Hemden brauchst du ebenfalls. Und neue Unterwäsche wäre auch mal wieder dran. Die letzte habe ich dir vor drei Jahren gekauft!«

 »Die Sachen sind doch noch gut«, protestiert er schwach.

»Wer macht bei uns die Wäsche, du oder ich? Wer bügelt? Ich weiß, wovon ich rede!!«

Ob Sie es glauben oder nicht: Solche Dialoge sind häufiger, als Sie denken. Denn in vielen Paarbeziehungen ist die Kleidung des Mannes Sache der Frau. Seine Wäsche – ihr Territorium. Ihn stören seine abgetragenen Unterhemden nicht. Sie schon.

Überhaupt, in den meisten Familien ist die Wäsche ihre Domäne, nach wie vor. Wehe, er ginge an »ihren« Wäscheschrank und begänne da aufzuräumen! Das wäre genauso schlimm, wie wenn sie in seinem Hobbykeller oder auf der Festplatte seines PC Ordnung schaffen würde. Wer greift schnell zur Nadel und näht einen fehlenden Knopf an? Als Anerkennung würde ihr schon reichen, wenn er seine schmutzige Wäsche nicht im Schlafzimmer herumliegen ließe. Offenbar hat sie für das Schlafzimmer bestimmte ästhetische Vorstellungen und betrachtet diesen Raum, zumindest was das Aussehen anbelangt, als ihr Terrain.

Genau wie den Platz vor dem Spiegel. Da verbringt sie wesentlich mehr Zeit als er, selbst wenn sich das in der letzten Zeit zu ändern beginnt. Wie kommt das eigentlich? Sind in ihrem Gehirn – wie manche Hirnforscher meinen – die für Geschmack und Ästhetik zuständigen Verknüpfungen stärker ausgebildet? Bringt sie das von »Natur« aus mit? Weil sie zwei X-Chromosomen hat und der Mann nur eins? Wie bei den Vögeln, da sind auch häufig die Männchen bunter und schöner, sie besitzen zwei gleiche Z-Chromosomen, während die unansehnlicheren Weibchen über je ein W- und ein Z-Chromosom verfügen. Oder hat man es ihr eingeredet, weil sie vom Säuglingsalter an darauf angesprochen wird, wie nett sie in dem Kleidchen aussehe, wie hübsch sie sei? So dass sie dann, erwachsen geworden, in diese ungesund-unbequemen Stöckelschuhe mit hohen Absätzen schlüpft und darin freiwillig in der Landschaft herumstolziert, weil es angeblich todschick ist?

Der Platz vor dem Spiegel oder die im Badezimmer verbrachte Zeit ist indessen nicht die einzige Zone, um die sowohl Pubertierende als auch ihre Eltern kämpfen. Noch führt der rauf- oder runtergeklappte Klodeckel zu Zwist bei Paaren, die falsch oder richtig gedrückte Zahnpastatube ebenso. Noch sind die Zeiten des Ellenbogenherrschers, der in Kino, Bahn oder Flugzeug die Armlehne auf Kosten seiner Nachbarin erobert und nicht mehr freigibt, oder des Augenkampfes – wer zwingt den anderen zuerst, den Blick zu senken oder wegzuschauen? – nicht ganz vorüber. (Wobei der Gewinner des Augenduells meist übersieht, wie unbeliebt er sich durch seinen Sieg gemacht hat.) Zwar gibt es immer noch Frauen, die beschwören können, dass Männer unfähig seien, für den mitgebrachten Blumenstrauß auch die dazu passende Vase zu finden. Doch langsam ändert sich die Welt.

Immer mehr Männer machen sauber oder kaufen ein. Wobei denen, die vorübergehend oder länger alleine leben, auch gar nichts anderes übrig bleibt. Die drei Ks – Küche, Kinder, Kirche – schwächen sich ebenfalls ab. Zunehmend mehr junge Väter spielen mit ihren Kindern, bringen sie ins Bett oder zum Kindergarten. Zunehmend mehr Männer kochen gerne und gut, und haben damit ein traditionell weibliches Hoheitsgebiet betreten, in dem sie jahrhundertelang nichts zu suchen hatten.

Strick um den Hals

Bleibt die Wäsche. Sie scheint das Reich zu sein, in dem die Frau im Haushalt bis heute am uneingeschränktesten herrscht. Mal ehrlich: Haben Sie als Mann alle ihre Wäsche selber gekauft, auch die Socken, die Taschentücher, die Unterwäsche? Waschen Sie Ihr Zeug und hängen es auf? Regelmäßig? Bügeln Sie selbst? Und wer kauft bei Ihnen zu Hause die Anziehsachen für oder mit den Kindern – Sie oder Ihre Partnerin?

Mögen die Männer auch über den Terror lästern, dem sich modebewusste Frauen freiwillig unterwerfen. Männer sind nicht freier, nur meist weniger attraktiv angezogen. Haben Sie schon einmal einen 4- oder 14-Jährigen erlebt, wenn er etwas anziehen soll, was er (aus unerfindlichen Gründen) absolut nicht anziehen will? Oder den Terror, den er macht, wenn er nicht bekommt, was er sich ausgeguckt hat? Wenn er die teuren Markenklamotten nicht kaufen darf, die gerade in sind, die auch die anderen Gleichaltrigen angeblich alle tragen? Einmal in der Woche, meist am Freitag, ist den Angestellten in der Konzernzentrale der Deutschen Bahn am Potsdamer Platz in Berlin gestattet, bequem und locker gekleidet zum Dienst anzutreten, ohne Schlips und Kragen. Das ist doch eigentlich ein Eingeständnis, wie viel Zwang an den anderen Tagen der Woche herrscht.

Versuchen Sie einmal, mit einem Banker über seine wenig farbenfrohe, schwarz-weiße Arbeitsuniform zu diskutieren. Über die Macht der Krawatten, das Erkennungszeichen derer, die beim Kapital, in Wirtschaft und Politik Karriere machen wollen. Er wird Sie verständnislos ansehen oder sich auf den Schlips getreten fühlen. Krawattenträger unterwerfen sich bestimmten Verhaltensregeln. Ihr Outfit verspricht, diese Regeln nicht in Frage zu stellen, sich der geforderten Konformität zu unterwerfen. Mit Punkfrisur kommen Sie nicht an die Macht. Wer keine Krawatten trägt, schließt sich von vorneherein aus. Oder er will provozieren. Oder er steht in der Hierarchie ganz weit oben: Er muss Sanktionen nicht fürchten bzw. sie sind ihm gleichgültig. Oder er hat so viel Gewicht bzw. Kompetenz, dass man über abweichend-auffälliges Verhalten hinwegsieht, es entschuldigt oder als Originalität deutet. Beim Kölner Karneval schließlich machen sich die jecken Frauen einen Jux daraus, Schlipse abzuschneiden. Warum? Es macht Spaß. Der Schlips, ein Sexsymbol, Anzeichen männlicher Machtkonformität. Doch warum macht es Frauen Spaß, Männer – wenn auch nur symbolisch – zu entmännlichen?

Es bleibt, dass Frauen hinsichtlich Kleidung hinzugewonnen haben. Sie dürfen sich kleiden, wie sie wollen. Sie dürfen sich zeigen, je nach Anlass. Mit hohen Absätzen machen sie sich größer, als sie sind. Sie sollen attraktiv sein, und wollen auch selbst gut aussehen. Das kostet bisweilen einige Mühe, kann aber die Fähigkeit und Flexibilität, sich selbst kritisch zu betrachten, in Schwung halten. Inzwischen tragen sie auch ganz selbstverständlich, was früher Männern vorbehalten war: Hosen. Sie behalten, was sie hatten, und bekommen etwas hinzu.

Was indessen viele Frauen ihren Männern übel nehmen: Sie war beim Frisör und er übersieht es.

Früher, denkt sie, als wir verliebt waren, hat er mir nicht oft genug sagen können, wie sehr ich ihm gefalle; heute bemerkt er nicht einmal meine neue Frisur!

 Was sie nur wieder hat, knurrt er. Sie war beim Frisör – na und?

12

Mann, Job, Familie – Stress

Karl Marx träumte von der klassenlosen Gesellschaft, die Pioniere der neuen Technologien in den achtziger, neunziger Jahren träumten von der elektronischen Revolution. Eine glückliche Menschheit werde in Zukunft ihre Arbeit ohne große Mühe erledigen: Sekretärinnen nicht mehr stupide Texte abtippen, Bankangestellte nicht mehr Zahlenkolonnen zusammenzählen, Hilfskräfte nicht mehr tagelang Vorlagen vervielfältigen. Alles wird von Maschinen übernommen: Computer, Drucker, Rechner, Internet. Einmal den Touchscreen antippen – das Ergebnis ist da. Ein Knopfdruck – die Verbindung nach Sydney, Singapur oder San Francisco steht. Kein langes Warten mehr, alles ist sofort verfügbar. Die gewonnene Zeit wird anders verwandt, nützlich und sinnvoll: Neues entwickeln, kreativ sein, mit Kollegen kommunizieren oder Kontakte pflegen.

Daraus ist nichts geworden, jedenfalls nicht wie geplant. Heute schreibt jeder selbst, die Sekretärin ist meist eingespart, dadurch auch das nette Gespräch mit ihr. Vieles lässt sich von daheim aus erledigen. »Lassen Sie sich Zeit, nehmen Sie es nach Hause mit, ich rufe Sie dann Sonntagabend an!«, gibt sich der Chef großzügig. Und erhöht doch den Druck. Denn nun gibt es keine Arbeitszeiten mehr, damit aber auch keine Freizeit ohne Arbeit. Man muss die Sache nicht sofort erledigen, aber sie liegt einem auf der Seele, ein permanenter Belastungsdruck. Das spürt die Familie, Papa (oder Mama) ist nur halb da, halb noch auf der Arbeit, auch daheim. »Schalten Sie Ihr Handy nicht aus, damit ich Sie immer erreichen kann«, hatte der Chef noch gemeint. Dauerstress, Ausbeutung soft.

Sogar der Gesetzgeber überlegt inzwischen, ob er dieser in Watte verpackten Sklaverei nicht Grenzen setzen sollte.

Auf der Rutsche zur Besprechung

Dass Arbeitsplatz oder Arbeitszeit eindeutig begrenzt ist, galt früher als sozialer Fortschritt. »Freitag nach eins, macht jeder seins«, hieß es in der DDR. Die neuen technischen Möglichkeiten bewirken gleitende Übergänge, fast schaffen sie grenzenlos Zeit und Raum. In manchen Berufsbereichen wird heute erwartet, dass man überall und jederzeit arbeiten kann – und arbeitet. Arbeitszeit und Arbeitsplatz passen sich neuen Bedingungen an. Nicht mehr jeder Arbeitnehmer hat seinen eigenen Schreibtisch oder gar sein eigenes Büro, seinen eigenen Raum. Den könnte er sich persönlich einrichten. Nicht nur im Silicon Valley ist Hausarbeit, pardon Arbeit zu Hause, weit verbreitet. Arbeitnehmer als Nomaden – mal sitzen sie hier, mal finden sie einen freien Internetanschluss dort. Auf einer Rutsche gleiten sie bei Google in Zürich von der oberen Büroetage in die nächste, so sparen sie Zeit und haben angeblich Spaß. Oder sie entspannen bei einem Kaffee mit einem Kollegen auf einer Couch und entwickeln dort neue Ideen. Das open space unterscheidet sich kaum noch vom privaten Wohnzimmer. Dort trifft man immer wieder andere Mitarbeiter und wird kreativ. Die Büros sind oft leer. Gefragt sind Räume für Gruppen und Besprechungen. Arbeiten geschieht im Team. Kollektive Intelligenz, das ist die neue Vorgabe bei modernen Betrieben, Internet-Anbietern, Telefongesellschaften, Start-Up-Firmen. Geht der persönlich gestaltete Arbeitsbereich verloren, so muss wenigstens die Arbeitsumgebung anheimelnd menschlich eingerichtet sein.

Die Geschäftsführer, meist Männer, reiben sich die Hände: Lärmpegel und Ansteckungsgefahr im open space stören sie nicht weiter, auch nicht die unpersönliche Atmosphäre. Sie sparen enorm. Weniger Büros zu heizen und zu reinigen, wenn die meisten zu Hause arbeiten. Zwischen 20 und 40 % weniger Quadratmeter Betriebsfläche und Parkraum anzumieten. Weniger Firmengeräte zu kaufen und zu warten, wenn jeder sein eigenes hat. Desk sharing – ein Arbeitsplatz wird von mehr als einem Angestellten und damit intensiver genutzt und bleibt nicht ganz so viele Wochenstunden unbesetzt. Weniger Anfahrten zum Firmensitz – das bedeutet Zeitgewinn. Alles zusammen ist auch noch umweltfreundlich. Und steigert den Gewinn.

Reibungsverluste

Reibungsverlust ist ein relativ neuer Begriff bei Betriebswirten und Ökonomen. Wie viel Energie – Arbeitskraft, Motivation, Bereitschaft, sich für die Firma einzusetzen, Schaffensfreude, Kreativität, Solidarität in der Belegschaft, Verantwortungsbereitschaft – geht durch nicht optimal aufeinander abgestimmte Arbeitsabläufe und destabilisierende Betriebsstrukturen verloren? Wie hoch sind die Verluste, wenn Menschen sich an gestörtem Betriebsklima reiben oder an Arbeitsbedingungen, die Einsatzfähigkeit und Arbeitsfreude mindern? Eine angenehme Arbeitsumgebung, ein wertschätzendes Betriebsklima sowie klare und durchsichtige Leitungsstrukturen fördern in der Regel die Kooperationsbereitschaft der Mitarbeiter. Autoritäre, rigide oder gnadenlos überfordernde Führung treibt die Motivation der Untergebenen gegen Null und verkürzt die Lebenserwartung.

Das ist bekannt. Beide Modelle kann man in unserem Land besichtigen. Trotzdem sind bis in die jüngste Zeit hinein in den Chefetagen deutscher Großbetriebe und Topbanken Sprüche zu hören wie:

10 % Einsparung geht immer.

Karriere beginnt nach 19 Uhr.

Wer lacht, hat noch Kapazität.

15 % Profit – was denn sonst?

Jeder Satz – nicht mehr als fünf Worte. Jeder Spruch eine Bombe, die ihre Wirkung tut. Kein Wunder, dass dann Züge stehen bleiben oder nachgeordnete Führungskräfte sich das Leben nehmen. Wobei die Bosse, denen solche Lebensgrundsätze locker vom Munde gehen, auch noch stolz darauf sind, dass sie

- ein einmal festgelegtes Ziel nicht aus den Augen verlieren, daran festhalten und es auch gegen jeden Widerstand zu erreichen wissen,
- andere immer überzeugen können, mit ihrem Charme und ihren Argumenten,
- sie dazu bringen, sich so zu verhalten, »wie ich es will«,
- in jeglicher Situation die Fassung bewahren, während andere unter Druck zusammenbrechen,
- keinerlei Mitgefühl empfinden, wenn es anderen schlecht geht, selbst wenn das eigene Verhalten die Ursache ist,
- keinerlei Verständnis haben für Leute, die nicht ebenso viel Druck ertragen »wie ich«.

Es ist das Selbstgefühl einer kleinen Elite von Machern. Sie und ihr Wertesystem stehen über dem, was für normale Zeitgenossen gilt. Dass es sich dabei eigentlich um nichts anderes handelt als um eine zeitgemäße Ausprägung von Sklavenhalterschaft, wird die Betreffenden nie überzeugen. Verhalten sich die anderen Führungskräfte im globalen Wettbewerb und Überlebenskampf nicht ebenso? Der kanadische Kriminalpsychologe Robert Hare (2005) allerdings sieht in rigider

Übersicherheit, mangelndem Einfühlungsvermögen und Unfähigkeit zu kritischer Selbstsicht Hinweise auf eine ernsthafte psychische Störung.

Stress – Tausende von Angestellten und ihre Familien haben in autoritär geführten Unternehmen darunter zu leiden. Gegen Überbelastung, die nicht enden will und der er nicht zustimmt, weiß sich der Mensch normalerweise gut zu schützen. Zuerst zieht der Körper die Notbremse. Er warnt: mit kleineren und größeren Gesundheitsproblemen, einem Herzinfarkt zum Beispiel. Doch der Körper lässt sich überlisten: Man joggt jeden Morgen, man treibt Sport. Die Muskeln werden schließlich so fit, dass sie bei Extrembelastung nicht mehr meckern. Der Stress indessen bleibt – jetzt muss die Seele ran: Arbeitsunlust, Unaufmerksamkeit, die zu Arbeitsunfällen führt, sozialer Rückzug, Burn-out als Volkskrankheit. Überfährt der Verstand auch diese Stopzeichen, dann richtet sich die Gewalt, die Dauerstress darstellt, gegen die eigene Person und manifestiert sich etwa in Depressionen oder Suizidverhalten.

Machtkampf oder Wechselbeziehung

Reibungsverluste entstehen auch, wenn Geschlechterrollen eine veränderte Umwelt nicht zur Kenntnis nehmen, wenn sie traditionell bleiben, statt sich neuen Lebens- und Arbeitsbedingungen anzupassen. Frauen scheinen da im Vorteil zu sein. Ihre Rolle ist flexibler und anpassungsfähiger als die des Mannes. Das legt eine Langzeitstudie nahe, die ich vor einiger Zeit in Berlin mit zahlreichen Gruppen durchgeführt habe. Die Untersuchung ist nicht repräsentativ für die deutsche Gesamtbevölkerung, aber doch, wie ich meine, aussagekräftig. Den Teilnehmern wurden zu verschiedenen Begriffen Bögen mit je 20 Paaren gegensätzlich formulierter Eigenschaftswörter vorgelegt. Ich wollte etwas über das semantische Feld erfahren, also über den emotionalen »Beigeschmack«, den wir Worten mitgeben, wenn wir sie in den Mund nehmen. Drei Ergebnisse scheinen mir erwähnenswert:

1. Frauen und Männer unterscheiden sich voneinander, natürlich: Sowohl Frauen als auch Männer werten »Frau« im Vergleich zu »Mann« als schöner, angenehmer, anziehender, aber auch als milder, zarter, nachgiebiger, weicher, schwächer, passiver und defensiver.
2. Frauen schätzen den Unterschied zwischen »Mann« und »Frau« signifikant geringer ein als Männer.
3. Die Linien von »Mann« und »berufstätiger Mann« unterscheiden sich nicht, die von »berufstätiger Mann« und »berufstätige Frau« nur geringfügig (die berufstätige Frau wird als weniger hart und aggressiv gezeichnet als der berufstätige Mann). Dagegen stufen beide Geschlechter »Frau« und »berufstätige Frau« deutlich unterschieden ein.

Frauen scheinen demnach im Vorteil zu sein, wenn es darum geht, sich in unterschiedliche Lebenssituationen einzufügen. Diese Fähigkeit macht sie zugleich lebenstüchtig. Mehrfachbelastung trainiert ihre Vielseitigkeit und eine für Vielseitigkeit offene Intelligenz. Damit könnte zusammenhängen, dass Frauen die Vorstellung, Leben spielt sich in Interdependenzen, also in Wechselbeziehungen und gegenseitiger Abhängigkeit ab, im Allgemeinen weniger Angst bereitet. Lösungen werden gemeinsam gefunden. Darin sind sie von klein auf geübt. Machtspiele indessen sind für sie erst einmal nicht so interessant.

So ist es sicher kein Wunder, dass bei Yahoo eine Personalchefin neuerdings darauf besteht, dass die Mitarbeiter nicht mehr nur zu Hause jeder für sich allein vor sich hin werkeln. Nein, alle sollen sich wieder mehr am Firmensitz einfinden.

Denn nur dort sind wechselseitige Beziehungen und gemeinsame Erfahrungen möglich. Ähnlich läuft es in anderen High-Tech-Unternehmen. Möchte die Firma, dass die Kollegen die Zeit im Betrieb gerne verbringen, dann muss sie eben auch helle und freundliche Räume und Bereiche für Entspannung und zum Wohlfühlen schaffen. Die Chefs von Familienbetrieben wissen schon lange, wie wichtig soziale Kontakte sind, Verständnis für die Mitarbeiter und das Reden miteinander. Auch börsennotierte Unternehmen profitieren inzwischen von diesem Wissen. Etwa in Norwegen, wo seit 2008 ein Gesetz 40 % Frauen in Führungsposten vorschreibt. Die sind oft jünger, gründlich ausgebildet, gut vorbereitet. Ihre Kompetenz steht nicht in Frage. Zusätzlich ergänzen ihre sozialen Fähigkeiten zeitgemäß den bisherigen Stil des Managements. Gemeinsam geht es besser: Firmen mit Frauen in Spitzenpositionen sind besser durch die Krise gekommen. Sie haben höheres Wachstum und auch mehr Arbeitsplätze geschaffen.

Glück und Zufriedenheit daheim

In manchem modernen Betrieb geschieht schon eine ganze Menge, damit die Angestellten bei der Arbeit glücklich und zufrieden sind. Glück, so wissen Glücksforscher, ist ein spontanes Gefühl, das meist nach kurzer Zeit verfliegt. Es ist an bestimmte Situationen, gewisse Augenblicke gebunden. Blicken wir auf unser Leben zurück, ziehen wir Bilanz, so wird in der Währung von Zufriedenheit und Unzufriedenheit gemessen. Es wird verglichen: mit meinem Anspruchsniveau, mit meinem bisherigen Leben, mit dem Leben anderer Personen, z.B. der Freiheit, den beruflichen Entfaltungsmöglichkeiten des Partners. Nicht verwunderlich, dass die Bilanz moderner berufstätiger Frauen anders ausfällt als die ihrer Mütter oder

Großmütter. Junge und nicht mehr ganz so junge Frauen nehmen heute nicht mehr alles so widerspruchslos hin wie früher (selbst wenn ihr erster Impuls meist immer noch ist, über sich selber nachzudenken). Sie sehen nicht mehr so selbstverständlich ein, dass ihr persönliches Glück hinter dem Familienglück oder gar hinter Karriere und Erfolg des Mannes zurückstehen soll, selbst in der ersten Familienphase. Sie sind glücklich mit ihren Kindern und gestresst zugleich, und unzufrieden, wenn sie die Aufgabenteilung und Belastungen als unausgeglichen empfinden.

»Warum behauptet er dauernd, dass er nur in der Familie, mit mir und den Kindern, wirklich glücklich ist, und kommt doch abends immer so spät von der Arbeit heim?«, fragt sich so manche Ehefrau, die das absolut nicht versteht. Doch seit in Europa und Nordamerika die Mehrzahl der Frauen selber Geld verdient, streben auch sie nach Arbeitsschluss nicht unbedingt schnell nach Hause. Manche gehen mit Kollegen erst mal einen trinken. Andere arbeiten auch gerne ein bisschen länger. Denn was erwartet sie zu Hause? Nicht einmal den Mantel kann man in Ruhe ablegen, da schlägt der abendliche Marathon schon zu: streitende Kinder auseinanderbringen, Pizza in den Ofen schmeißen, umgekippten Saft aufwischen, Hausaufgaben überprüfen, überdrehten hellwachen Kindern einreden, sie seien müde, Zähneputzen lassen, Gute-Nacht-Geschichte lesen, Wohnzimmer und Küche aufräumen, Einkaufsliste schreiben … Egal, wer den Nachwuchs ins Bett zu bringen hat, Papa oder Mama: Warum der andere immer noch nicht zu Hause aufkreuzt und ein bisschen mithilft, weiß man ja inzwischen. Darüber, dass er nicht zur Stelle ist, ärgert man sich trotzdem.

Mal den Säugling im Kinderwagen durch den Park schieben ist ganz gut, reicht aber nicht. Für Paarbeziehungen ist eine neue Partnerverfassung in Kraft getreten. Darüber habe ich an anderer Stelle geschrieben (Koschorke 2013, S. 186f.).

Die beiden wichtigsten Paragraphen lauten: 1. »Keiner soll sich selbst aufgeben. Denn beide sind ebenbürtig und haben die gleichen Rechte.« 2. »Jeder ist bereit, alles zu machen. Denn grundsätzlich haben beide die gleichen Pflichten.« Paare, die sich an diese Regeln halten, die über Lebenspläne, Elternpflichten und Hausarbeit fair und respektvoll verhandeln, können sogar stressige Zeiten mit kleinen oder pubertierenden Kindern als Glück und Gewinn für ihre Beziehung verbuchen. Und immer mehr Paaren gelingt das.

13

Mann werden

Schon der griechische Glücksphilosoph Epikur hielt nichts von Politik und Kindern – zu viel Stress. »Kinder lärmen, machen Dreck, zerstören die Stereoanlage sowie das Liebesleben der Eltern, kosten viel Geld, haben einen sehr, sehr schlechten Geschmack, was Wandschmuck, Kleidung und Ernährung angeht, und außerdem wollen sie nie ins Bett«, meint auch Christian Weber (2013) in der Süddeutschen Zeitung. Offenbar zieht da ein erfahrener, vielleicht sogar leidgeprüfter Vater Bilanz. Allenfalls »niedlich bis vier« seien Kinder, sie steigerten, wenn überhaupt, meist auch nur vorübergehend das Glück der Eltern.

Nicht ganz bei der Sache

Doch gibt es auch Väter, die können gerade mit niedlichen Kindern nichts anfangen. Ab fünf, sechs, da lässt sich wenigstens etwas Vernünftiges mit ihnen anstellen: Fußball spielen, basteln, toben, Fahrrad fahren, schwimmen oder ins Kino gehen. Kinder bis vier sind für solche Väter eigentlich langweilig. Schlimmer noch: Sie sind anstrengend. Da schreit so ein kleiner Wurm. Was bedeutet das nun? Fläschcheninhalt zu heiß? Blähungen? Hose voll? Windel nass? Po wund? Andere Schmerzen? Oder – will er oder sie doch bloß das Fläschchen? Woher soll Mann das alles wissen? Das Geschrei ist nicht eindeutig. Mann müsste intuitiv erfassen, was los ist. Nur, wann hat Mann das gelernt?
  Es hört nicht auf zu schreien, das kleine Wesen. Hat es Fie-

ber? Sollte man zum Arzt? Oder sind es nur die Zähne, die kommen, die schmerzen? Da wäre der aktive Mann wirklich aufgeschmissen. Mann muss ohnmächtig zusehen, wie sein Kind leidet. Mann muss aushalten und ertragen, dass die Zahnschmerzen bleiben. Mann müsste beruhigen, trösten. Aber Mann kann nichts tun, was das Problem endgültig bereinigt. Mann müsste sich damit abfinden, dass Mann nichts machen kann. Dass das eben kein Problem ist, das weg ist, wenn man es gelöst hat. Wie ein Wasserhahn, der tropft: Richtig repariert, tropft er nicht mehr.

Viele Väter sind nicht ganz bei der Sache, wenn sie sich mit ihren Kindern beschäftigen. Ihnen geht durch den Kopf, was alles noch zu tun ist: Auto waschen, Rasen mähen, Reparieren, am PC Sachen erledigen. Oder sie telefonieren, machen den Fernseher an, schauen Formel 1, weil Kinder hüten, mit Eisenbahn oder Lego spielen, für sie keine richtige Tätigkeit ist. Sie haben den Eindruck, etwas zu verpassen, etwas zu versäumen. Sie werden unruhig. Dieselbe motorische Unruhe arbeitet in ihnen, die sie schon als kleine Jungen in Bewegung setzte. Und jetzt sollen sie hier still sitzen und ruhig zugucken, wie die Tochter Puzzle-Stücke zusammenbringen will, die nicht zusammenpassen. Das sieht man doch sofort!

Frauen verstehen das vielfach nicht: **Es ist** für solche Männer schwer, Kleinkindern zuzuschauen und zugewandt aufmerksam zu sein. Es gibt motorische Unterschiede. In bestimmten Situationen ist es gut, Bewegungsimpulse in sich zu verspüren, in anderen nicht. Wenn sich in mir ein Motor dreht und mich zu Aktivität antreiben will, dann ist ruhig bleiben, still dasitzen, voll präsent sein ganz einfach nichts weiter als anstrengend.

Ein Chef der Kindererziehung

Viele Paare beugen diesem Dilemma vor. Vor der Geburt des ersten Kindes teilen sie das Kinder- und Erziehungsterritorium eindeutig auf (wie sie glauben). Das geschieht meist ganz unbewusst. Es hat noch eine gewisse Logik, wenn sie sich darauf einigen: Schwangerschaft und Baby-Ausstattung ist **ihre** Sache (er will ja auch ihrer Mutter nicht in die Quere kommen), **er** baut den Wickeltisch. Weniger zwangsläufig ist die Absprache: Säugling aufziehen und sich um die Kleinkinder kümmern ist ihre Sache; er macht derweil Karriere oder fängt an, ein Haus zu bauen.

Hat das Paar die Zuständigkeiten erst einmal traditionell aufgeteilt, vielleicht ohne groß darüber zu reden, so hat das Konsequenzen für später. Einmal angenommen, sie übernimmt die Pflege des gemeinsamen Kindes von Anfang an. Sie fühlt sich verantwortlich. Sie entwickelt einen bestimmten Stil: Wie der Säugling versorgt wird. Wie und wann der Bub oder das Mädchen ernährt wird. Welche Sachen er oder sie trägt oder tragen sollte. Wann und mit welchem Ritual zu Bett gegangen wird. Wo und wie das Spielzeug weggeräumt, Kleidung, Windeln und Creme aufbewahrt werden. Ihr Stil wird zur Gewohnheit, die Gewohnheit wird zur Regel.

Jetzt möchte sie, dass auch der Vater die Kinder mal für Kindergarten oder Schule fertig macht.  Ohne es zu wissen, fordert sie ihn damit auf, in ihrem Tätigkeitsbereich aktiv zu werden, in ihr Hoheitsgebiet einzudringen – und ist dann vielleicht überrascht, wenn das zu Konflikten führt. Nach wie vor fühlt natürlich sie sich für Kind und Kindererziehung zuständig. Ganz selbstverständlich geht sie davon aus, dass die bisherigen Gewohnheiten und Regeln weiter gelten – **ihre** Regeln.

 Sie stößt indessen auf einen Vater, den sie bisher mit der Aufgabe der Kinderversorgung weitgehend verschont hat. Er ist anders als sie. Er hat einen anderen, einen eigenen Stil. Er weckt die Kinder vielleicht viel zu früh, oder erst im letzten Moment. Ihm ist möglicherweise egal, was und wie viel die Kinder frühstücken. Ihm macht es auch nichts aus, wenn sie mit einem ungebügelten T-Shirt zur Schule gehen. Hauptsache sie sind vergnügt. (Oder im Gegenteil, er ist ein Vater, der alles ganz genau und streng regelt.)

Das kann zu Verwirrung und Streit führen.

Sie etwa versucht ihm zu helfen. Sie ist ja die Spezialistin für Kindererziehung. Sie weiß, wie frau es macht, wo die Sachen sind, wie alles am besten klappt, woran die Kinder gewöhnt sind. Und sie sagt es ihm.

 Er lässt sich das ein paar Mal gefallen (wenn er ein dickes Fell hat). Oder er fühlt sich gleich auf den Schlips getreten (wenn er weniger gutmütig ist). Er merkt, dass sie ihn in diesem Bereich für wenig kompetent hält. Das ärgert ihn. Ziemlich bald wird er knurren: »Nichts kann man dir recht machen!« Oder: »Dann mach's doch selber!« und sich zurückziehen.

Beide fühlen sich nun als Opfer. **Er** als Opfer ihrer Widersprüche, wie er denkt: Erst will sie, dass er den Vater macht. Doch tut er das, so ist es auch nicht recht. **Sie** als Opfer seiner Unwilligkeit und ihrer berechtigten Erwartungen, wie sie meint: Es sind doch auch seine Kinder, warum soll ich immer alles machen?! Sie wird sich wieder einmal bestätigt fühlen in ihrem Empfinden: Wenn man ihn wegen der Kinder braucht, dann drückt er sich.

Was beide übersehen: Männer handeln nicht gerne unter Aufsicht ihrer Frau. (Frauen mit Erfahrung übrigens auch nicht gerne nach Anweisungen des Mannes.)

Zwei Chefs im Erziehungsterrain

Oder die Eltern haben kapiert: »Wir sind unterschiedlich.« Dann regeln sie die Zuständigkeit für die Kindererziehung anders. Sie wissen: »Weil wir verschieden sind, haben wir auch unterschiedliche Erziehungsstile.« Meistens ergänzen die sich. Jeder respektiert den Stil des anderen, selbst wenn jeder nicht immer ganz einverstanden ist mit dem, wie der andere entscheidet. Aber darüber kann man ja reden und sich auseinandersetzen (allerdings in der Regel nicht in Gegenwart der Kinder). Wer eine Aufgabe übernommen hat, macht das in seinem eigenen Stil. Vorübergehend ist der Betreffende Chef im Erziehungsterritorium – und der andere funkt ihm da nicht rein.

Für die Kinder ist es eine Bereicherung, wenn sie Eltern mit Unterschieden haben. Von klein auf lernen sie, sich auf verschiedene Erziehungsstile einzustellen. Das ist für Kinder auch überhaupt kein Problem – vorausgesetzt, die Eltern respektieren sich in ihrer Unterschiedlichkeit und streiten sich deswegen nicht.

Allerdings werden Eltern, die sich achten und ihre Unterschiede kennen, sich die Aufgaben der Kindererziehung gewöhnlich von Anfang an partnerschaftlich aufteilen. Sie könnten zum Beispiel ausmachen: Ich (Mutter) hatte die Schwangerschaft, die Geburt und stille den Säuglings tags; darum übernehme ich (Vater) das Fläschchen und das Wickeln nachts, damit du dich erholen kannst. Denn die Brust geben ist eine Investition an Energie, die ich als Mann nicht habe. Später, wenn eines der Kinder krank ist und nachts den Schlaf der Eltern stört, werden sie entsprechende Regelungen absprechen, damit wenigstens einer einigermaßen ungestört schläft.

Übrigens funktionieren, wenn auch noch nicht die Mehrzahl, doch immer mehr junge Familien nach diesem Modell. Beide Geschlechter sind dabei, diese neue Zusammenarbeit als Eltern immer besser zu lernen. So ganz einfach und überzeugend, wie sie zunächst aussieht, ist die gleichberechtigte Rollenaufteilung nämlich nicht. Die Mütter müssen lernen, das Territorium Kind auch wirklich freizugeben, sich aus der Allverantwortlichkeit für die Kleinen zurückzuziehen, damit der Vater eine echte Chance bekommt. Das ist nicht ganz leicht: War das Kind nicht einmal ein Teil von ihr, in ihr? Kommt es mit Kummer nicht auch jetzt spontan häufiger zur Mama als zum Papa? Die jungen Väter müssen lernen, ihren Anteil an Aufgaben und Verantwortung auch wirklich wahrzunehmen. Sonst ist letztendlich doch die Mutter für alles zuständig. Sie werden also nicht gekränkt sein, wenn ihr Kind sich mit einem Schmerz oder Konflikt spontan erst einmal an die Mama wendet. Denn das kriegen die Kleinen – intuitiv? – von Anfang an mit: Gibt es Probleme, dann horcht Mama gleich auf und fragt nach. Während Papa meist nicht sofort reagiert. Für ihn ist es ja eher so: Probleme gibt es nicht, nur Lösungen.

Forscher haben herausgefunden: Die alltäglichen seelischen und sozialen Belastungen, mit denen Kinder nach Hause kommen, mit denen Jugendliche sich herumschlagen, werden überwiegend bei den Müttern abgeladen, zu rund 70 %, nur zu 30 % bei den Vätern. Ein Grund dafür könnte sein, dass Mütter ihren Kindern zeitlich mehr zur Verfügung stehen. Es hat jedoch sicher auch damit zu tun, dass Frauen mehr gewohnt sind, sich selbst in Frage zu stellen und auf Probleme zu achten, während Männer trainiert werden, »keine Probleme zu sehen, wo keine sind«. Alles nicht so schlimm, denken sie vielleicht. Sie trauen ihrem Bub oder ihrem Mädel zu: Das wirst du schon alleine packen. Und schenken so ein Stück Vertrauen.

Nicht selten sind Mütter behütender, machen sich schneller Sorgen und äußern das auch. Sie verabschieden das Kind, das sich auf den Schulweg macht, mit: »Pass auf! Sei vorsichtig!« Dieses Verhalten hat Vorteile: Das Kind weiß sich behütet. Und wenn es mal einen Kummer hat, kann es sicher sein: Ich finde jemanden, der mich versteht, der zu mir steht. Diese Haltung hat jedoch auch eine Kehrseite: Die Mutter behandelt das Kind als klein, in gewissem Sinn hält sie es klein. Vielleicht braucht das Kind gar nicht mehr ganz so viel Schutz, vielleicht ist es schon größer, als sie denkt. Väter indessen gelten oft als risikobereiter, angstloser, fordernder. Mag sein, dass sie das Kind, vor allem wenn es ein Junge ist, manchmal überfordern, ihn als größer betrachten, als er ist, und das nicht mitkriegen. Vielleicht betonen sie häufiger, was das Kind schon kann. Ihr Abschiedsgruß morgens vor der Schule heißt möglicherweise: »Mach's gut! Hab Spaß!«

Und natürlich: Immer wieder ist es auch genau anders herum: Mama fordert eher heraus und Papa beschützt. Kinder, Jungen und Mädchen, brauchen beides. Wenn Eltern voneinander wissen, wie jeder gestrickt ist, dann können sie auch in kritischen Situationen gut kooperieren. Zusätzlich stärken sie so ihre Beziehung als Paar.

Eltern außer Betrieb – freitags 19 – 21 Uhr

14

Die Sprache der Gefühle lernen

Das Leben der Eltern ist das Buch, in dem die Kinder lesen. Das meinte schon der Kirchenvater Augustinus. Aus Familie und Umwelt bezieht der Nachwuchs seine Lebenserfahrung und Lebensregeln. Was lernen Jungen, wenn Papa beim Spielen mit den Autos oder der Eisenbahn nur kurz bei der Sache ist und schon nach fünf Minuten sein Handy hervorzieht und anfängt zu telefonieren? »Papa, spiel mit mir!!« ist eine mögliche Reaktion, eine andere die Einsicht: Mit Papa ist nicht viel anzufangen, wenn er sich um mich kümmern soll. Doch im Kinderalltag werden nicht nur Überlebensprogramme von Vier-, Fünf-, Sechsjährigen ausprobiert und geschmiedet. Es werden auch Programme für die Zukunft abgespeichert. Die schieben sich dann, 30 Jahre später, ganz automatisch erst einmal ins Bewusstsein, wenn der kleine Junge selber Vater sein soll. Wer gesehen hat: »Wenn Mama das Essen macht, räumt Papa den Geschirrspüler voll, und wenn Papa kocht, dann räumt Mama weg«, speichert da natürlich ein ganz anderes Programm ab. Allerdings erziehen oder unterrichten in Kindergarten oder Grundschule mehrheitlich Frauen. So hat der Junge erst einmal weniger Modelle zur Verfügung, wie Mannsein aussehen könnte, als seine Schwester für ihr Frau-Werden. Was er indessen häufig vor Augen hat: Für Männer sind diese Lebensbereiche offensichtlich weniger attraktiv.

Kleine Jungen registrieren nicht nur, was der Vater ist und macht, sondern natürlich auch, was die Mutter tut und wie sie reagiert, vor allem wenn Ärger ansteht.

Der große Bruder und die kleine Schwester

Max ist gut drei Jahre alt, er hat eine kleine Schwester, Beatrice. Sie ist anderthalb. Beide Kinder spielen oft zusammen. Max hat gerade mit Bauklötzen ein kunstvolles Gebäude errichtet. Da kommt Beatrice angekrabbelt, macht alles kaputt und strahlt. Voller Wut nimmt Max einen der Bauklötze und haut seiner Schwester damit auf den Kopf.

Warum tut er das? Als seine Mama ihm erzählte, dass er eine kleine Schwester oder einen kleinen Bruder bekommen wird, hat er sich gefreut. Er hat seine Hand auf Mamas Bauch legen können, als der Bauch schon schön rund war, und gespürt, wie sich da drinnen etwas bewegt. Auch als seine Schwester geboren war, hat er sich gefreut. Und jetzt, obwohl er erst drei Jahre alt ist, weiß er schon, dass es seine Aufgabe sein wird, die kleine Schwester zu beschützen.

Er hat seine Schwester gern – und zugleich ist er sauer auf sie. Sie stört ihn beim Spiel oder zerstört es sogar. Sie hat ihm seinen Platz weggenommen. Früher war er an Mamas Brust, jetzt ist es seine Schwester. Früher hat Mama sich immer um ihn gekümmert, jetzt kümmert sie sich immer zuerst um sie. Früher hatte Mama Zeit für ihn, jetzt hat sie nur noch Zeit für die Schwester. Das ärgert ihn. Weil er wütend ist oder eifersüchtig – oder beides –, schlägt er seiner Schwester auf den Kopf. Das hat auch noch den Vorteil, dass sie laut quietscht.

In diesem Moment kommt die Mutter dazu. Sie sieht, was Max macht. Sie hört Beatrice schreien. Wie reagiert sie? Es gibt verschiedene Möglichkeiten, denn es gibt verschiedene Mütter.

Die überforderte Mutter ruft mit strenger Stimme: »Was für ein böser Junge! Ein netter Bruder schlägt seine kleine Schwester nicht!« Und hebt die schreiende Schwester auf, ohne weiter auf Max zu achten.

Was lernt Max? Er erfährt: Ich darf keinen Ärger machen. Ich darf keinen Ärger haben oder zeigen. Ich muss so tun, als wäre ich nicht wütend oder eifersüchtig. Sonst schimpft Mama. Sonst hat sie mich nicht mehr lieb. Will ich Mamas Liebe und Aufmerksamkeit behalten – und das ist, wie schon erwähnt, das Wichtigste für das Überleben eines Kindes –, dann muss ich meine Wut und meinen Ärger herunterschlucken. Wenn ich überleben will, darf das Gefühl von Wut nicht sein.

Nur: Damit ist der Ärger nicht weg. Ärger und Wut sind wie Energie. Man kann sie unterdrücken. Irgendwann kommen sie aber wieder an die Oberfläche – vielleicht wenn sie so stark geworden sind, dass sie sich nicht mehr unterdrücken lassen, dass man sie nicht mehr kontrollieren kann.

Das Verhalten der Eltern – Lesebuch für die Kinder

Die andere Möglichkeit: Max hat Glück. Er hat eine **verständnisvolle Mutter**. Sie versteht ihn. Als die Mutter sieht, wie Max seiner Schwester auf den Kopf haut und Beatrice schreien hört, kommt sie und sagt: »Halt! Ich möchte nicht, dass du deine Schwester schlägst. Du hast vielleicht Wut auf sie, aber deswegen darfst du sie nicht schlagen. Das tut ihr weh. Du könntest sie verletzen.« Sie nimmt die kleine Schwester auf den Arm, um sie zu trösten. Gleichzeitig sagt sie zu Max: »Komm!« und drückt ihn an sich.

Was macht diese Mutter?
- **Sie schützt** die kleine Schwester. Und sie schützt Max davor, seine Schwester ernsthaft zu verletzen. Schutz und Sicherheit sind das Erste, das Kinder – und alle Menschen – brauchen.
- **Die Mutter versteht** Max. Sie sagt: »Du hast vielleicht Wut auf deine Schwester.« Sie erlaubt ihrem Sohn, dieses Gefühl

zu haben. Sie weiß, dass Max wütend und eifersüchtig ist, weil sie selber auch manchmal wütend oder eifersüchtig ist. Wut zu fühlen ist erst einmal nichts Schlimmes.

■ **Die Mutter hilft Max sich selber zu verstehen.** Die Mutter benennt das oder die Gefühle, die Max hat. »Vielleicht bist du ärgerlich, dass ich mich so viel um deine kleine Schwester kümmere. Du möchtest, dass ich mehr Zeit für dich habe.« Die Mutter gibt den Gefühlen einen Namen und erklärt sogar, woher der Ärger möglicherweise kommt. Auf diese Weise kann Max lernen zu verstehen, was in ihm vorgeht.

■ **Die Mutter lehrt Max die Sprache der Gefühle.** Im Alter von zwei bis vier Jahren lernen Kinder sprechen. Wenn sie keine Worte für ihre Gefühle bekommen, sind sie ihren Gefühlen machtlos ausgeliefert.

In der Regel machen wir unsere Gefühle nicht selber. Wir sind nicht die Urheber unserer Gefühle. Es ist unser Organismus, der unsere Eindrücke, Empfindungen und Gefühle produziert. Wir machen nicht, dass wir Hunger haben. Wir machen nicht, dass uns kalt oder warm ist, dass wir uns bedroht fühlen oder ängstlich. Unser Körper ruft diese Gefühle in uns hervor, manchmal auch gegen unseren Willen. **Wir sind nicht die Urheber, wir sind die Beobachter unserer Empfindungen und Gefühle.**

Häufig überrennen unsere Gefühle unseren Verstand. Ohne Namen für unsere Empfindungen sind wir ihnen hilflos ausgeliefert. Sie beherrschen uns. Nur das Bewusstsein, unser Verstand erlaubt uns, Überblick über unsere Gefühle zu bewahren, sie zu kontrollieren, zu entscheiden, ob wir unseren Gefühlen folgen wollen oder nicht. Dazu brauchen wir die Sprache. Wir brauchen Namen für unsere Empfindungen und Gefühle.

■ **Die Mutter unterscheidet zwischen Gefühlen und Verhalten.** Max ist eifersüchtig und wütend – das erlaubt ihm jedoch nicht, seine Schwester zu schlagen. Wenn wir voller Wut auf jemanden sind, so haben wir noch lange nicht das Recht, ihn anzugreifen, zu beleidigen, zu verprügeln oder zu erschießen. Gefühle sind erst einmal weder gut noch böse, sie sind einfach da. Diese Tatsache gestattet es uns aber nicht, unseren Gefühlen freien Lauf zu lassen. Wenn wir unseren Empfindungen und Gefühlen folgen und sie in Verhalten umsetzen – ohne zu überlegen, ohne sie durch unseren Verstand zu kontrollieren –, dann herrschen unsere Gefühle über uns, und nicht wir über unsere Gefühle. Wenn unsere Gefühle über uns herrschen, dann besteht die Gefahr, dass wir gewalttätig werden, dass wir die Folgen unseres Verhaltens nicht bedenken. Darum **erklärt die Mutter ihrem Sohn, was sein Verhalten bewirkt**: »Du tust ihr weh. Du könntest sie verletzen!«

Bei Gewalt überschwemmen Gefühle den Verstand, wie ein Tsunami: Ich gerate außer Kontrolle. Ich bedenke nicht mehr die Folgen meines Handelns. Ich tue etwas, von dem ich nachher vielleicht sage: »Oh, das tut mir leid, das habe ich nicht gewollt.« Wie Kain in der ersten Geschichte der Bibel nach dem Paradies: Kain ist eifersüchtig, weil sein Bruder etwas bekommt, was er auch haben möchte. Wut überschwemmt seinen Verstand. Eine innere Stimme warnt: »Kain, das darfst du nicht!« Doch Kains Wut ist so stark, dass er diese Warnung nicht mehr hören kann. Die Wut diktiert Kains Verhalten. So geht er hin und erschlägt seinen Bruder. Sein mörderisches Gefühl hat ihn beherrscht. Er konnte zwischen Gefühl und Verhalten nicht unterscheiden.

■ **Die Mutter unterscheidet zwischen Verhalten und Charakter**. Sie sagt zu Max nicht: »Du bist ein böser Junge!« Eine Person ist noch nicht deshalb böse, weil sie ein falsches Verhalten zeigt, weil sie einen Fehler macht. Woher weiß die Mutter das? Sie kennt sich selbst: Sie weiß, dass sie selber bisweilen auch heftige Impulse hat. Sie weiß, dass auch sie sich manchmal zu einer Handlung hinreißen lässt, die sie nachher bereut oder für die sie sich später schämt. Dass sie gelegentlich so handelt, wie sie es selber eigentlich nicht möchte.

■ **Die Mutter schenkt ihrem Sohn Aufmerksamkeit und Zuwendung.** Obwohl die Mutter mit dem Verhalten von Max nicht einverstanden ist, drückt sie ihn an sich und zeigt ihm damit: Ich habe dich lieb. Die Mutter achtet nicht nur auf das, was Max tut, sondern auf dass, was ihr Sohn mit seinem unangemessenen Verhalten sagen will, nämlich: »Ich brauche dich, Mama. Ich brauche die Gewissheit, dass du mich lieb hast.« Diese Sicherheit gibt die Mutter ihrem Sohn, indem sie ihn an sich zieht und ihm verspricht, nachher – wenn sie die kleine Schwester getröstet hat – mit ihm zu spielen.

Gefühle ausdrücken schützt vor Gewalt

Dank seiner verständnisvollen Mutter hat Max Glück. Er lernt, Gefühle auszudrücken. Dadurch wird er nicht so leicht von Gefühlen »übermannt«. Denn er ist seinen inneren Impulsen nicht hilflos ausgeliefert. Während er heranwächst, gelingt es ihm immer besser, Empfindungen im Zaume zu halten, sich nicht zu Spontanreaktionen hinreißen zu lassen, sein Verhalten einigermaßen besonnen zu steuern, auch wenn heftigste Gefühlsattacken sein Bewusstsein zu überschwemmen drohen. Kurz, verantwortlich und erwachsen zu bleiben.

Wer dagegen keine Namen für Gefühle hat, redet sich leicht ein, er habe so etwas überhaupt nicht. Wie kann man kontrollieren und beherrschen, was man nicht hat – was trotzdem aber hoch wirksam werden kann? Männer, die als Jungen gelernt haben, keinen Schmerz zu empfinden, von denen in ihrem Beruf erwartet wird, keine Angst oder Wut zu zeigen, stehen in Gefahr, von den Gefühlen (die sie angeblich ja nicht haben) überrascht und überrannt zu werden. Besonders wenn die Gefühlslage eskaliert, wenn sie die eigene Existenz, das eigene Selbstverständnis bedroht. Vielleicht sind sie trainiert, im Beruf angesichts von Bedrohung und Gefahr ruhig Blut zu bewahren. Aber die Drohung der Ehefrau: »Ich lasse mich scheiden!!« zu verkraften, da sind sie völlig ungeübt. Und werden gewalttätig. Danach, wenn sie wieder zur Besinnung gekommen sind, verstehen sie nicht, was mit ihnen geschah, wie sie das tun konnten. Sie verstehen sich selber nicht. Das haben sie ja auch nie gelernt. Oft ist auch die Partnerin verwirrt. Unbewusst hat sie sich jemanden ausgesucht, der stets cool bleibt und sich in jeder Lebenslage zu beherrschen weiß. Und jetzt rastet er total aus. Beide verstehen nicht, was ihnen geschieht.

15

Männerparadies und Männerhölle

Er ist total high. Kurz vor Spielende ist ihm der entscheidende Treffer gelungen. Aus der zweiten Linie hat er einfach draufgehalten – und der Ball war drin. Niemand hatte mehr an einen Sieg geglaubt. Die Kameraden waren immer nervöser geworden, gegen Ende des Spiels. Hektisch rannten sie hin und her. Jetzt sind alle überglücklich. Das muss gefeiert werden. So sitzen sie und trinken. Es wird acht. Es wird zehn, es wird Mitternacht.

Ganz schwach entsinnt er sich: Du hattest doch versprochen, den Kleinen zu baden. Der freut sich jedes Mal wie verrückt darauf: Papa kommt vom Spiel heim, und ab geht's in die Badewanne. Er könnte wenigstens kurz zu Hause anrufen. Doch im Kreis der Mannschaftskameraden hat der Papa keine Zeit für überflüssige Schuldgefühle. Wieder muss er anstoßen, noch einmal soll er schildern, wie er das Tor gemacht hat. Er fühlt sich wie im Paradies.

Weit nach zwei trifft er zu Hause ein, zufrieden, überglücklich und fast noch aufrecht.

Himmel und Hölle liegen oft ganz nahe beieinander. Denn was erwartet ihn?

Sie ist stolz auf ihn. Dass er so gut ist im Fußball, er und seine Mannschaft. Dass er so viel Spaß hat am Sport. Sein Club hat heute gewonnen. Das hat sie per Internet mitbekommen. Auch dass ihm der

entscheidende Treffer geglückt ist. Sie freut sich. Klar, dass die jetzt feiern. Klar auch, dass es heute Abend später wird als sonst.

Aber warum ruft er sie nicht kurz an? Dann hätte sie teil an seinem Erfolg. Sie könnte ihm sogar anbieten, den Kleinen ins Bad zu stecken, was eigentlich seine Sache ist. Was sie erwartet: einen kurzen Anruf, eine SMS. Es wäre der Beweis, dass er sie nicht vergessen hat. Dass er an sie denkt. Sie wären in Verbindung. Stattdessen hat er sein Handy abgeschaltet. So als wolle er von ihr nichts wissen. Das versteht sie nicht. Das macht sie sauer.

 Auch er versteht die Welt nicht mehr. Meine Güte, was sie nur hat. Das liest er schon an ihrem Gesicht ab. Ja, es ist später, als er dachte. Soll er sich nun rechtfertigen, weil sie gewonnen und gefeiert haben? Sie ist doch sonst so unabhängig und selbstbewusst. Soll er jetzt jedes Mal Rechenschaft ablegen, wenn er abends länger fort ist? Das kann ja lustig werden, wenn das so weiter geht.

Was er nicht versteht: Sie will ihn gar nicht kontrollieren. Er soll ja feiern. Aber er soll sie nicht total vergessen. Wenn er versprochen hat: Um acht bin ich zu Hause, soll er bloß kurz Bescheid geben: »Es wird später.« Sie möchte in Kontakt sein mit ihm. Dann hätten beide teil an dem, was der andere erlebt.

Was sie nicht versteht: Für ihn sind Freundesliebe und Frauenliebe zwei verschiedene Welten, getrennte Abteilungen in seinem Kopf, zwischen denen keine Verbindungstür zu bestehen scheint. Er meint es völlig ernst, wenn er ihr versichert: Du

und die Familie sind mir das Wichtigste im Leben. Doch das ist der Fußball auch. Für ihn ist das kein Widerspruch.

Für sie sind Familie und Sport eine Welt. Für ihn sind es zwei.

Das junge Paar hat nun die Wahl. Entweder sie blicken in die Vergangenheit. Jeder erinnert sich. Er: Sie kontrolliert mich immer, genau wie früher meine Mama. Sie: Er vergisst mich immer, genau wie früher mein Papa. – Oder beide blicken in die Zukunft. Sie sagt z.B.: »Du hast mich vergessen. Das find ich gar nicht nett. Das musst du wiedergutmachen: Lade mich zum Essen ein!« Und er akzeptiert schuldbewusst, aber lachend. Oder er lernt, dass er sie beim nächsten Mal kurz anruft, wenn absehbar ist, dass er später kommt. Dieser Schritt indessen, der zugleich ihre Beziehung festigen könnte, wäre für ihn möglicherweise mühsamer, als sie zum Essen einzuladen.

Ungestört

Für einen anderen Mann sieht der Männerhimmel anders aus.

Es ist gegen Abend, er sitzt in seinem Zimmer am Computer, surft im Internet, liest seine E-Mails, schaut Sport oder einen Film, macht ein Computer-Spiel. Die Tür zum Rest der Wohnung ist leicht angelehnt. Im Hintergrund hört er beruhigend die Geräusche des Familienlebens wie das Plätschern eines leisen Wasserfalls. Es geht ihm gut. Er ist versorgt, rundum. Niemand stört ihn bei dem, was er tut. Keiner kommt herein. Kein Kind will einen Bleistiftspitzer oder Hilfe bei den Mathe-Aufgaben. Keine Ehefrau möchte über die Beziehung reden. Er muss sich nicht einmal um die Geburtstage seiner Eltern oder um den Kontakt zu seinen Verwandten kümmern. All das hat seine Frau übernommen. Nachher, wenn das Essen fertig ist, setzt er sich zu den anderen an den Tisch. Und wenn die Mahlzeit ohne Konflikte verläuft, bedeutet das für ihn: Glück pur.

Wenn nun allerdings der Wasserfall nicht mehr leise plätschert, wenn die Hintergrundgeräusche aus Küche, Wohn- oder Kinderzimmer verstummt sind, weil die Frau mit den Kindern ausgezogen ist, weil sie es nicht mehr aushält mit ihm – dann ist die Katastrophe total. Er ist nicht mehr versorgt. Er müsste sich um Kontakte und soziale Beziehungen selber kümmern. Er wäre dann nicht mehr ungestört, sondern bloß noch einsam, völlig allein.

Scheidung ist die zweitgrößte Belastung für Paare, nach dem Tod des Partners oder der Partnerin. Wenn die Partnerin sich trennt oder konkrete Schritte in Richtung Scheidung unternimmt, sind die meisten Männer erst einmal verloren. Lösungsorientierte Männer haben sich angewöhnt, Gefühle von Ohnmacht und Verlorenheit in einem Handeln auszudrücken. Viele verfallen jetzt auf zwei entgegengesetzte Strategien: Sie brechen ein oder es bricht in ihnen durch.

Sie brechen ein: Sie ziehen sich zurück. Wenig geübt, Konflikte in Worte zu fassen, den eigenen Gefühlen mittels Sprache Ausdruck zu verleihen, werden sie wortkarg, sie verstummen. Die Kollegen auf der Arbeit merken wohl: Irgendetwas stimmt nicht mit ihm. Aber sie spüren auch: Er lässt nicht an sich herankommen.

Gewohnt, Probleme alleine zu lösen, machen sie es dieses Mal auch so. Auf die Frage: »Brauchen Sie Hilfe? Haben Sie Menschen, mit denen Sie reden können?« versichern sie: »Ja, ja, ich schaffe das schon, alleine!« Vielleicht finden sie schnell eine neue Frau, eine neue Familie. Dann müsste Mann ja nicht darüber nachdenken, was wohl schiefgelaufen ist in der alten Beziehung. Oder sie brechen alle Kontakte ab. Sie gehen nicht mehr aus. Die Gewalt von Enttäuschung und Wut wirkt nach innen. Im Extremfall tun sie sich selber etwas an. Die Suizidwahrscheinlichkeit ist bei Frauen höher vor Trennung oder Scheidung, bei den Männern danach. Gehören sie dann auch noch zu den übersicheren Typen, so sorgen sie in der Regel dafür, dass diese letzte Problemlösung ein voller Erfolg wird: Niemand wird sie noch rechtzeitig finden oder retten.

Gewalttätig

Der andere Lösungsweg: Die Strategie schien sich eine Zeit lang zu bewähren – alle Warnungen, alle Hinweise auf ein bevorstehendes Ende der Beziehung geflissentlich zu ignorieren. Doch jetzt ist das Ende unübersehbar da – sie will nicht bleiben, sie zieht aus. Kein Versprechen, kein Feilschen, kein Drohen hilft mehr. Frust, Wut und Enttäuschung brechen sich Bahn. Er braucht seine Frau, er will sie nicht verlieren. Darum schlägt er zu: mit Worten oder mit Fäusten und besiegelt dadurch seinerseits das Ende der Beziehung. Täglich kann man es in den Zeitungen nachlesen. Auch Frauen schlagen auf ihre Männer ein, auch Männer verletzen ihre Frauen mit Worten. Mehrheitlich jedoch neigen Männer eher zu körperlicher, Frauen eher zu verbaler Gewalt oder sie entziehen sich.

Dieser Gewaltausbruch nimmt die seltsamsten Formen an. Mit seiner Kettensäge teilt der eine das gesamte gemeinsame Mobiliar in der Mitte durch und nennt das Gütertrennung. Ein anderer montiert die hundert Orts- und Straßenschilder ab, die ihn an glückliche Momente mit seiner Ex-Frau erinnern. Wieder ein anderer terrorisiert sie per Telefon oder lauert ihr vor dem Frauenhaus auf, in das sie sich mit den Kindern abgesetzt hat. Oder er verfolgt ihren neuen Freund. Und so weiter. Besonders folgenreich ist es, wenn die angestaute Wut die eigenen Kinder trifft.

Kinder sind das teuerste Gut, das Eltern besitzen. Um Kinder wird am verbissensten gekämpft. Das ist tragisch. Denn jedes Kind besteht zur einen Hälfte aus dem Vater und zur anderen aus der Mutter. Ein Streit der Eltern zerreißt das Kind, unweigerlich. Verantwortungsvolle Eltern trennen darum sauber zwischen ihrer Beziehung als Liebespartner und ihrer Verantwortung als Eltern. Die Liebesbeziehung wird mit einer Scheidung oder einer endgültigen Trennung definitiv beendet. Da bleiben oft heftige Kränkungen zurück. Verletzungen brauchen Zeit, um zu heilen oder zu vernarben. Es dauert oft lange, bis ehemalige Partner sich wieder wie Erwachsene begegnen können. Nicht alle Paare schaffen es, nach ein paar Jahren – in wertschätzender Erinnerung an die Liebe, die sie einst füreinander empfanden – entspannt einen Kaffee miteinander zu trinken.

Aber unabhängig davon, wie gut es einem Paar gelingt, seine Liebesbeziehung abzuschließen: Eltern ihrer Kinder bleiben sie normalerweise bis ans Ende ihres Lebens. Verantwortungsvolle Väter und Mütter werden darum so gut wie irgend möglich miteinander kooperieren. Sie werden praktische Regelungen vereinbaren, die dem Interesse ihres Kindes dienen. Sie werden die unterschiedliche Persönlichkeit, die vom eigenen Stil abweichenden Erziehungsvorstellungen des Expartners respektieren. Sie werden sich – wenn irgend möglich – nicht in sein Erziehungsverhalten einmischen. Sie mögen als Liebespartner noch wütend aufeinander sein. Aber sie werden nie etwas gegen die Mutter ihres Kindes, gegen den Vater ihres Kindes sagen oder unternehmen. Denn sie wissen: Damit treffe ich mein Kind, damit verletze ich es und schade ich ihm.

Was Männer als Hölle empfinden, kann ganz unterschiedlich sein: Säugling wickeln, Gefühle äußern, Klo putzen, Fehler eingestehen, Hemden bügeln usw. Doch die absolute Hölle ist für viele Väter: nach der Scheidung sein Kind nicht mehr sehen zu können. Da hat sich doch vor einiger Zeit in Frankreich ein Mann tagelang auf einem 40 Meter hohen gelben Baukran verbarrikadiert. Auf diese Weise wollte er das Recht erzwingen, sein bei der geschiedenen Partnerin lebendes Kind zu sehen. Dieser Gewaltakt hat damals eine landesweite Diskussion ausgelöst.

Vater-Sein – Anlage mit hoher Rendite

Welche Aufenthalts- und Besuchsregelung wirklich dem Wohl des betreffenden Kindes am besten entspricht, ist oft schwer herauszufinden. Nur eines sollten Väter nicht vergessen: Wenn sie glauben, Vaterschaft ist ein Rechtsanspruch, den man vor Gericht oder gegenüber seiner bisherigen Partnerin einfach so einfordern kann, dann liegen sie völlig daneben. Ein Mann ist so viel Vater, wie er in Vater-Sein investiert hat. Er kann in die Karriere investieren, er kann in sein Kind investieren, aber nicht in beides zugleich mit 100 %. Das tritt im Moment der Scheidung mit einem Schlage offen zutage. Da zählt auf einmal, wie viel Zeit und Liebe das Kind dem Vater wert war. Habe ich in den vergangenen Jahren eine eigene – von der Mutter unabhängige – Beziehung zu meinem Kind, meinen Kindern aufgebaut? Bin auch ich zu Hause geblieben, wenn das Kind krank war? Was hatte für mich Priorität: die Karriere oder die Pflege des kranken Kindes? Habe ich als Vater, auch als das Kind noch klein war, mit ihm gespielt, etwas mit ihm unternommen – oder lief immer alles über die Mutter, war sie immer dabei? Stand ich meinen Kindern mit offenem Ohr zur Verfügung, wenn es Probleme in der Schule oder mit Freunden gab? Wer hörte sich nachts um eins den ersten Liebeskummer der Pubertierenden an?

Mit dem Aufbau einer persönlichen Beziehung zu seinem Kind kann der Mann nicht andere beauftragen. Auch nicht seine Frau. Bei der Kontaktpflege zu den eigenen Eltern ist das vielleicht noch gelungen. Doch in der Beziehung zum eigenen Kind funktioniert das nicht. Das merken viele Väter erst, wenn die Familie auseinanderbricht. Da spüren sie plötzlich, wie wichtig ihnen ihre Kinder sind. Schnell versuchen sie jetzt noch, Vater zu werden. Doch Liebe lässt sich nicht delegieren. Vertrauen kann man schlecht mit Geschenken oder Kinokarten erkaufen. Zuwendung muss das Kind oder der Jugendliche spüren. Eine liebevolle Beziehung braucht Zeit. Sie will wachsen, sich entwickeln. Besonders mit dem eigenen Kind.

16

Warum Männer früher sterben

Frauen leben länger, Männer sterben früher. Im Durchschnitt. Wie fast alle Säugetiere. Das hat unter anderem mit den Chromosomen zu tun – Männer haben ein Y-Chromosom, Frauen nicht. Für die Immunabwehr indessen sind die X-Chromosomen ausschlaggebend. Davon haben Frauen zwei. Dadurch können sie sich besser schützen: Sie können auf die Erbinformationen beider Eltern zurückgreifen und – vor allem im Alter – Ablesefehler korrigieren. Das können Männer nicht. Bei den Vögeln ist die durchschnittliche Lebenserwartung umgekehrt. Das hat ebenfalls mit den Chromosomen zu tun. Davon war schon die Rede (Kapitel 7).

In allen Ländern, die Deutschland gleichen was Lebensstandard und Gesundheitsversorgung anbelangt, steigt die durchschnittliche Lebenserwartung. Der Unterschied zwischen Frauen und Männern jedoch bleibt konstant: Im Schnitt leben Frauen vier bis acht Jahre länger. Zwar schaffen wir nicht mehr die Bestmarke des Methusalem, der angeblich 969 Jahre alt geworden ist (das Alter seiner Frau oder seiner Frauen ist leider nicht überliefert). Doch männliche Neugeborene erreichen derzeit in Deutschland beinahe beachtliche 78 Jahre, weibliche fast 83 Jahre. So das Statistische Bundesamt.

Aber Achtung: Männer leben nicht kürzer. Männer sterben früher (Luy 2006). Das ist etwas anderes.

Einige Ursachen, die in früheren Zeiten die Lebenszeit verkürzten – Armut, unzureichende Ernährung, verschmutztes Trinkwasser, mangelnde Hygiene und Gesundheitsversorgung, Infektionskrankheiten, Seuchen, Kriege, gesellschaftliche Gewalt – spielen Gott sei Dank in Mitteleuropa gegenwärtig kaum eine Rolle. Dagegen lauern neue Gefahren: Luft und Umwelt sind verschmutzt. Wir leben ungesund, wir essen ungesund, konsumieren zu viel Fett, Zucker und Fleisch. Wir bewegen uns zu wenig, hocken zu lange vor dem Bildschirm, haben zu wenig Schlaf. Das macht uns übergewichtig; Bluthochdruck, Diabetes usw. sind die Folgen. Außerdem gibt es ja noch Drogen, Aids und den Straßenverkehr. Fast alle diese Faktoren betreffen Männer stärker als Frauen. Männer rauchen häufiger als Frauen. Männer trinken mehr als Frauen. Männer trinken harte Sachen. Mehr Männer sind Alkoholiker.

Klingt ziemlich schrecklich, was ich da so aufzähle. Aber es steht in den Gesundheitsberichten, die seit Kurzem aus Gründen der Gleichberechtigung auch für Männer erstellt werden. Und das ist noch nicht alles. Viele Männer scheuen den Arzt wie der sprichwörtliche Teufel das Weihwasser. Viele Männer würden, selbst halbtot, nie zugeben oder sich selber eingestehen: Ich bin krank. Kranksein, das passt für viele nicht zum Selbstbild eines richtigen Mannes. Krankheit, eine Schwäche, ein Versagen, fast schon eine Beleidigung. Rauchen, fünf Flaschen Bier trinken, einen Whisky, zwei Cognac schlürfen – das soll die Gesundheit gefährden? So ein Quatsch. Im Gegenteil, es beweist mir: Ich bin gesund, mir geht es gut. Ich genieße das Leben.

Krank sein – eine Kränkung

Das Wartezimmer beim Gynäkologen ist voll – mehr als die Hälfte der Frauen ist kerngesund, kommt aber zur regelmäßigen Vorsorge. Auch der Wartebereich des Urologen ist voll – doch 80 % der Männer, die da sitzen, sind krank, haben Beschwerden oder akute Schmerzen. An Vorsorge hat kaum einer rechtzeitig gedacht.

Mein angeheirateter Vetter, 80 Jahre alt: Einen Nachmittag lang hat er Rasen gemäht. Er hält sich krumm, verzieht das Gesicht, jeder Schritt tut ihm weh. »Du solltest mal zum Arzt gehen«, sage ich. Er macht nur eine verächtliche Bewegung.

Der Chef von inzwischen zwei Supermärkten: Seit Jahren steht er jeden Morgen um 5 Uhr auf. Um 6 ist er im Geschäft, arbeitet 80 Stunden die Woche. Irgendwann kann er nicht mehr. Der Gesundheits-Check ergibt: Ernsthafte Herzprobleme. Aussicht auf Infarkt in naher Zukunft, wenn er so weitermacht. Der Körper wurde nie gefragt, ob er mit diesem Arbeitstempo einverstanden ist. Macher machen, sie sind nicht krank.

Der Röntgenarzt, bei dem ich war, ist noch ganz geschockt. Ein Unternehmer war da, drei Betriebe, vierzig Angestellte. Krebs im Endstadium. »Haben Sie ein Testament gemacht?«, fragt der Arzt den Patienten. »Nein.« »Dann gehen Sie erst einmal ein Testament machen! Nachher kommen Sie schnell wieder her.«

Schmerzen zu zeigen löst bei vielen Männern Scham aus: »Ich habe nicht mehr die Kontrolle, der Schmerz hat mich.« Ohnehin ist meine Rolle: Keine Schmerzen haben, keine Angst zeigen. Trauer und Enttäuschungen nicht wahrhaben wollen, Nervosität und Ängstlichkeit nicht zulassen, Kopf- und Magenschmerzen nicht zur Kenntnis nehmen. »Sei nicht so zimperlich!«, hat der Junge gehört, als Kind von den Eltern, beim Sport in der Schule, beim pubertären Angeben von den Kumpels. Keine Schwächen zugeben, in allen Situationen Stärke beweisen, vor allem wenn es kritisch wird, das ist die Rolle. Man hat alles im Griff, alles unter Kontrolle, strahlt Sicherheit und Ruhe aus, vermittelt Besonnenheit und Souveränität. Sonst ist man kein Mann und in seiner Rolle als Mann gescheitert. Männer haben eben keine Angst (die panische Angst vor Ohnmacht lassen wir mal beiseite).

Es gibt Situationen, da braucht der Mensch Hilfe. Und es gibt Probleme, die kann jeder alleine lösen, Situationen, die man normalerweise ohne Hilfe bewältigt. Wer schwer erkältet ist, wickelt sich einen Schal um den Hals, zieht eine Mütze über die Ohren, trinkt einen Grog, vielleicht noch mit Gewürznelken, gepresster Zitrone, Honig und viel Ingwer, legt sich ins Bett und schwitzt. Was auch immer Sie machen – sicher gibt es noch andere Heilmethoden –, für gewöhnlich braucht man in diesem Fall keinen Doktor. Aber es gibt eben auch Erkrankungen, die man allein nicht kurieren kann. Bei denen Fachkompetenz gefordert ist, etwa bei Zahnschmerzen. Für manchen Mann muss die Krankheit schon lebensbedrohlich sein, bevor er einen Arzt aufsucht. Dann will er vielleicht auch nur ein paar Informationen statt Hilfe. So als bräuchte er eine Entschuldigung dafür, einmal krank und schwach zu sein; eine Erlaubnis, mit der er sich selber den Arztbesuch verzeiht; eine Zusicherung: »Du bist nicht feige und unmännlich, wenn du zur Vorsorge schleichst. Du bist kein Versager, wenn du die Medikamente auch kaufst, die der Arzt verschreibt. Und wenn du sie dann auch nimmst, regelmäßig, statt sie einfach liegen zu lassen oder gleich wegzuschmeißen.«

Es ist schon kurios: Je stärker ich mich fühle, desto mehr brauche ich andere, die mich auf Gefahren hinweisen.

Mädchen werden ab einem gewissen Alter zumindest einmal im Monat von ihrem Körper daran erinnert: »Schau nach innen, vergiss mich nicht!« Auch während einer Schwangerschaft richtet sich der Blick der Frau unweigerlich immer wieder auf ihr Befinden, auf das Leben, das im eigenen Leib heranwächst. Schon vorher mag das oft geschehen sein: »Bin ich nun schwanger oder nicht?« Die Zeit des Stillens fordert ebenfalls dazu auf, die Signale des Körpers zu beachten. So sind Mädchen und Frauen »von Natur aus« mehr darin geübt, ihren Körper und seine Signale ernst zu nehmen. Meist haben sie auch kein Problem damit, um Hilfe zu bitten, wenn sie

Hilfe brauchen. Jungen werden – immer noch – anders geprägt. Damit sie um Hilfe bitten, wenn erforderlich, da müsste bei ihnen schon der Verstand nachhelfen.

Religion Fußball

»Geringes Gesundheitsbewusstsein der Männer« – darüber klagen die Gesundheitsforscher in den Berichten, die ich gelesen habe, immer wieder. Nur: Wenn Schwachsein und Krankheit im offiziellen Weltbild des traditionellen Mannes eigentlich nicht vorgesehen sind, dann wird gesund und lebenstüchtig zu erscheinen zum Normalzustand. Der traditionell gepolte Mann hört den Vorwurf der Gesundheitswissenschaftler als: »Du hast ein unterentwickeltes Normalitätsbewusstsein« – das ist eine Mahnung, die ihm kaum einleuchten wird.

Wie aber kommt es, dass für Jungen und Männer ein Verhalten als vorbildlich gilt, das Schwächen ausschließt, sie dazu anleitet, gegenüber Schmerzen unempfindlich zu werden, das sie im Idealfall als stark und beinahe unsterblich erscheinen lässt? Ich denke, der Fußball hat da eine prägende Bedeutung. Seine Verhaltensregeln liefern vielen Männern – neben Formel 1 – die Vorlage für wahres Mann-Sein. Fußball ist der wohl populärste Sport in Deutschland. Knapp zehn Millionen Zuschauer gehen pro Saison zu Spielen der ersten und zweiten Bundesliga. Hinzu kommen sowohl die Fernsehzuschauer am Abend und bei Länderspielen als auch die Besucher von Spielen unterer Ligen. Fußball wird wie Religion zelebriert, wenn man Religion mit Martin Luther pragmatisch definiert: Religion ist das, woran dein Herz hängt.

Woran hängt das Herz des Fußballfans? An seinem Verein, an der Mannschaft, den Spielern, den Fußballgöttern. Sie werden verehrt, ihnen wird zugejubelt, sie werden beschimpft, her-

157

untergemacht, wenn sie nicht spielen wie erhofft. Für den Sieg der Mannschaft wird gezittert, gebetet, gesungen, gebrüllt. Der echte Fan ist seinem Verein treu, er scheut vor keiner Ausgabe zurück, Geld spielt keine Rolle, Zeit auch nicht. Man muss dabei sein. Der Fan fährt oft Hunderte von Kilometern, um seinen Verein auch auswärts zum Sieg zu schreien. Man ist nie allein, Freunde sind da, oder der Fanclub. Jedes Spiel, die Leistung jedes Spielers wird vorher ausführlich durchgehechelt, Siegstrategien entwickelt. Nach dem Spiel, in der »dritten Halbzeit«, wird mit einem Glas und einer Bockwurst in der Hand der Sieg gefeiert, die Niederlage betrauert, jede Szene zigmal durchgekaut – der genossene Alkohol beflügelt das Erlebte, das Erinnerte, Meinungen und Urteile. Man gehört dazu, man spottet über die andere Mannschaft, die andere Stadt. Man verachtet oder hasst ihre Fans, hat sich vielleicht mit ihnen geprügelt. Das stärkt die Zugehörigkeit, verleiht Identität, eine Identität, die auch zwischen den Spielen zählt. Man ist wer in der Masse der Gleichgesinnten. Diese Art von (Lokal-)Patriotismus darf man leben, herausschreien. Jeder ist Fachmann, denn jeder hat mal Fußball gespielt. Hat davon geträumt, selbst einmal ein unsterblicher Fußballheld zu sein. Hat gemerkt, wie man sich mit Leistung, mit einem Tor Respekt verschafft vor den Kameraden. Hat die Zähne zusammengebissen nach einer Verletzung, eine Eisbombe hat den unerträglichen Schmerz fortgesprüht. Man ist aufgestanden und hat weitergespielt, als sei nichts. Man ist Junge unter Jungen, Mann unter Männern. Man wird als Junge von anderen Jungen anerkannt, als junger Mann von anderen Männern, eine Welt ohne Mädchen. Frauenfußball? Ja, ja, das gibt es auch, aber das ist etwas ganz anderes.

Vielleicht war es schon früh die einzige Situation, wo der kleine Junge den Vater mal ganz für sich allein hatte, knapp zwei Stunden vor dem Fernseher, bei der Übertragung eines Länderspiels. Mama hat nach zehn Minuten die Stube verlassen, die Schwester fand die laute Geräuschkulisse doof. Papa hat erklärt, sich aufgeregt, Gefühle zur Schau gestellt, was er sonst nie tut. Fußball, die Gelegenheit für den Mann, mal zu schreien, zu singen, zu tanzen, andere zu umarmen oder anzubrüllen, Gefühle zu haben und zu zeigen, die man sich sonst nicht gestattet. Und dabei einen Verhaltenskodex zu internalisieren, der einfach ist, aber klar: Was toll ist, darüber kann man streiten. Was ein Weichei ist, das weiß jeder.

»Probleme gibt es nicht, nur Lösungen!«

»Probleme gibt es nicht, nur Lösungen!« Das meinte neulich der Chef unserer Abfallverwertung zu mir. Dann rutschte er auf Glatteis aus – da hatte er sechs Monate lang ein Problem. Gerade übersichere Persönlichkeiten oder Personen, die in ihrem Beruf stets übersicher und kompetent erscheinen müssen, funktionieren nach diesem Motto. Menschen, die jede Lebenslage beherrschen sollen oder wollen und anderen sagen, wo es langgeht: Ärzte, Rechtsanwälte, Polizisten, Politiker und so weiter. Die Lebensmaxime »Probleme gibt es nicht, nur Lösungen« bedeutet einerseits: Der andere ist schwach, er ist von meiner Hilfe abhängig. Ein solches Bewusstsein verleiht Selbstwert und Identität: Ich weiß immer, wo es langgeht. Andererseits bedeutet der Satz aber auch: Wenn ich keine Lösung mehr weiß, dann gibt es auch keine. Dann bin ich am Ende. Wenn ich, der professionelle Helfer und Retter, keinen Ausweg mehr sehe, dann existiert wirklich keiner mehr. Denn wer kann besser als ich wissen, ob überhaupt noch eine Rettung möglich ist? Keine Lösung mehr zu wissen wird tödlich.

Würde ich, der berufsmäßige Helfer, hilflos werden, dann hätte ich plötzlich ein Problem. Ich müsste andere um Hilfe bitten – und auf diese Weise öffentlich eingestehen, dass ich in meiner Rolle und Identität gescheitert bin. Nur verbietet mir das mein Selbstverständnis. Helden haben keine Depressionen. Und Probleme gibt es ja nicht. So greife ich zu dem, was ich bisher immer gemacht habe, was sich bewährt hat, was ich gut kann: zu einer Lösung, und zwar einer finalen Lösung, die das Problem endgültig bereinigt.

Diese Logik erklärt, warum die Selbstmordrate bei Männern, die im Rahmen traditioneller Männlichkeitsvorstellungen funktionieren, so hoch ist. Sie erklärt auch, warum berufsmäßige Helfer, die wirklich nicht mehr weiter wissen, zum Suizid greifen, und zwar zu einem Suizid, der gelingt: Sie führen ihn kompetent aus. Sie sorgen dafür, dass sie nicht gefunden werden. Der Chefarzt, der mit seiner Sekretärin eine Affäre hat, von beiden Frauen in die Zange genommen wird und sich nicht entscheiden kann, denn jede Entscheidung wäre widersinnig, schluckt seinen tödlichen Cocktail in einem abgelegenen Hotel, wo man ihn erst nach Tagen findet. Für ihn ist der Suizid eine glatte Lösung. Die Hinterbliebenen allerdings haben nun ein Problem, oder mehr als eines.

Klippen

Die Geburt ist eine erste Klippe, an der mehr männliche als weibliche Säuglinge scheitern. Eine zweite, recht bedrohliche Klippe stellt der Testosteron-Stoß bei Adoleszenten dar, der ihre Risikobereitschaft steigert, vor allem wenn sie den Führerschein frisch in der Hand halten. Aber beides kam schon zur Sprache (Kapitel 7).

Doch die Zeit vor der Rente ist für Männer ebenfalls nicht ohne Gefahren. Eigentlich müsste es ihnen in dieser Lebensphase besser gehen als den Frauen, denn in der Regel verdienen sie mehr. Und allgemein gilt: Je höher der Lebensstandard, desto länger die durchschnittliche Lebenserwartung.

Aber Männer sind vor allem in gefahrvollen und risikoreichen Berufen mehr von Berufsunfällen betroffen. Sie sind anfälliger gegenüber Stress – über Stress klagen berufstätige Männer in vielen Umfragen an erster Stelle. Frauen sind da offensichtlich besser geschützt. Liegt das an dem Sexualhormon Östrogen, das der weibliche Körper in größerem Umfang produziert als der männliche? Oder hat es damit zu tun, dass das Ausdrücken von Gefühlen selbstverständlicher zu der ihr zugeschriebenen Geschlechterrolle passt? Können Männer lernen, sich ihrer Belastungen bewusst zu werden, über Stress, Verstimmungen, Depressionen und Depressiönchen zu reden, überhaupt mehr erzählen, wie es ihnen geht, häufiger mitteilen, wie sie sich fühlen? Sich mitzuteilen entlastet normalerweise, selbst wenn das an den äußeren Gegebenheiten erst einmal nichts ändert.

Eine weitere Hürde für viele Männer ist das Altwerden. Frauen werden zumindest durch die Menopause nachdrücklich daran erinnert, dass sie nicht mehr so jung sind, wie sie sich vielleicht fühlen. Männer können sich leichter darüber hinwegmogeln, dass der eigene Körper mit vierzig, fünfzig oder sechzig Jahren nicht mehr ganz so belastbar ist wie mit zwanzig. Zudem verändert sich bei Männern das Aussehen meist weniger im Laufe der Zeit. Doch wenn ein Mann Jahrzehnte hindurch in seiner Arbeit aufgegangen ist, dann geht er ohne Arbeit unter. Mit der Rente – oder bei Arbeitslosigkeit – fehlt plötzlich alles, was Identität verlieh und dem Leben bislang Sinn und Struktur gab: die Kollegen, die Kontakte, der eingespielte Tagesrhythmus, die altbekannten Rituale und Befriedigungen, der gewohnte Stress und Ärger. Wenn ich darin geübt bin, etwas zu tun, statt zu reden, dann breche ich ein, wenn ich nichts mehr zu tun habe. Und reden kann ich ja auch nicht. Renten- oder Pensionstod wurde das früher genannt. Der Mann ohne Arbeit stürzt ab in ein Beziehungsloch, in eine tiefe Existenzkrise: Wozu bin ich noch nütze? Hat mein Leben noch Sinn, wenn nichts mehr zu schaffen ist? Wenn ich mich nicht mehr nützlich machen kann? In der neuen Situation, auf die ich mich vielleicht sogar gefreut habe, finde ich mich nicht zurecht. Jetzt sehe ich alt aus. Ich **bin** alt.

Lange Zeit wurde Alter genau so definiert: Die Leistungskraft geht zurück, man findet sich nicht mehr zurecht. Vielleicht auch noch: Gut ist, woran ich gewohnt bin, was früher war. Inzwischen sagen die Altersforscher etwas anderes: »Wie alt du bist, wie alt du dabei tatsächlich aussiehst, hängt ganz wesentlich von dir ab, von dir selbst und der Umgebung, die du dir schaffst.« Auf die Einstellung zum eigenen Alter kommt es an. Sicher, die Körperkräfte lassen nach mit der Zeit. Man wird langsamer, braucht mehr Ruhe. Neues zu lernen bereitet mehr Mühe. Sich die pausenlosen technischen Neuerungen nutzbar zu machen erfordert mehr Aufwand. Doch die gelebten Jahrzehnte geben dem älteren Menschen auch Trumpfe in die Hand: Erfahrung, Übersicht, Wissen, was funktioniert und was nicht, was wichtig ist im Leben und was nicht, Besonnenheit, vielleicht sogar Gelassenheit.

Heilmittel – über Alltägliches reden

Krisen sind der Motor von Entwicklung. Ungewohnte Situationen fordern heraus. Neue, andere Erfahrungen werden unumgänglich: Eine veränderte Lebenslage muss von Neuem interpretiert werden. Das hat möglicherweise zusätzliche, bisher nicht gemachte Erfahrungen zur Folge. Das menschliche Gehirn bleibt plastisch, formbar, lernfähig bis ins hohe Alter. Ausschlaggebend ist die innere Einstellung, der Entschluss, aus seinem Leben etwas zu machen. Wer sein eigenes Alter negativ betrachtet, wer passiv bleibt, altert schneller und stirbt früher. Das ist nachgewiesen. Wer aktiv bleibt und offen gegenüber Neuem, hält Gehirn und Körper in Schwung, hat mehr Spaß am Leben und lebt länger.

Was aber können Männer noch lernen, die ihr ganzes Leben lang eher Lösungen sahen als Probleme, die weniger geübt sind, eigene Befindlichkeiten zur Kenntnis zu nehmen und über Gefühle zu reden? Genau dieses: Sich ein soziales Netz schaffen, in dem man sich darüber austauscht, wie es einem geht. Das, was viele Frauen recht gut können. Also von Frauen lernen? Warum eigentlich nicht? Keine Sorge, Mann bleibt Mann. Die neuen Erfahrungen, die er macht, die Gefühle, die er bei sich wahrnimmt, bleiben männliche Erfahrungen und Gefühle.

Also: Sich rechtzeitig vor der Rente ein soziales Netzwerk schaffen, in dem man sich wohlfühlt. Am besten auch während des Berufslebens nicht auf Beziehungen verzichten, die mit der Arbeit nichts zu tun haben. Kontakte pflegen, reden, diskutieren. Nicht mehr nur Probleme lösen, indem man sie beseitigt. Menschliche Probleme und Konflikte lassen sich nicht alle beseitigen. Aber man kann über sie sprechen. Eindrücke auch wieder ausdrücken. Erlebnisse und Befürchtungen, die man hat, mit anderen teilen. Weil das Beziehung schafft, und weil es gesund ist.

Je älter Menschen werden, desto wichtiger werden nahe Beziehungen. Auch Naturwissenschaftler oder Elektronik-Ingenieure leben im Alter von menschlichen Kontakten. Irgendwann mag der Augenblick kommen, ab dem man nicht mehr alleine zurechtkommt und auf Hilfe angewiesen ist, zunächst von denen, die uns nahe stehen. Es ist gut, das bei Zeiten ins Auge zu fassen.

Bei Paaren ist der nächste Mensch des Mannes die Partnerin. Es ist kein großes Geheimnis: Die Pflege der Paarbeziehung zahlt sich aus, zu jeder Zeit und besonders wenn Paare älter werden. Man kann Mahlzeiten gemeinsam einnehmen,

Feste feiern, angenehme Gewohnheiten und Kontakte pflegen, sich gegenseitig Zeit lassen für eigene Beziehungen und Hobbys. Man kann entspannt beieinander sitzen und nichts sagen. Man kann auch miteinander reden. Reden ist nicht schlecht, nicht notwendigerweise stundenlang, aber immer wieder. Miteinander reden drückt Verbundenheit aus, festigt und stärkt Zuneigung und Beziehung. Streiten, sich Vorwürfe machen ist damit natürlich nicht gemeint, sondern: Sich mitteilen, Alltagserlebnisse erzählen. Wie es einem geht, was man denkt. Manche Paarberater empfehlen, dabei immer wieder Ausflüge in die eigene Kindheit zu unternehmen. Nur, nach einer gewissen Zeit ist die Lebensgeschichte dem Partner bekannt. Der flämische Paartherapeut Alfons Vansteenwegen meint daher: Nach einer Weile heißt Sich-Lieben nicht mehr, sich stets neu entdecken wollen, sondern nett über Alltägliches reden.

Wer den Kontakt zur Partnerin pflegt, tut nicht nur ihr etwas Gutes, sondern sorgt auch für sich selbst. Paarforscher haben nachgewiesen: Eine glückliche Paarbeziehung schützt nicht nur vor Einsamkeit, Stress und deren seelischen Folgen. Liebevolle Paare leben deutlich länger als Unverheiratete. Sie sind gesünder, weniger depressiv, werden seltener an Magen- und Darmgeschwulsten operiert, sind weniger schmerzempfindlich (Lerner 2008) und haben ein vermindertes Risiko für Altersdemenz, wie norwegische Forscher herausfanden. Auch lustvoller Sex macht Paare glücklich, lässt sie jünger aussehen, langsamer altern und länger leben. Verschiedene Untersuchungen der letzten zehn Jahre belegen das.

»Zwölfmal Geschlechtsverkehr pro Monat verlängert die Lebenserwartung um zehn Jahre«, stellt der Herzspezialist Frédéric Saldmann (2011) fest. Ein Orgasmus setzt Oxytocin frei. Oxytocin entspannt und beruhigt, lässt wohltuend Fülle und Energie spüren, Serotonin und Dopamin bewirken Lustempfinden und Wohlbehagen, unter dem Einfluss von Endorphinen verflüchtigen sich Stress und (Ver-)Spannungen, Ängste und Schmerzen. Zugleich durchfluten sauerstoffhaltiges Blut und Hormone die Zellen, trainieren Herzmuskel und Lunge, reduzieren Cholesterin und verbrennen Kalorien. Obendrein macht Sex einfach Spaß.

17

Krieg oder Frieden

Eine Frau sei nach der Geburt des ersten Kindes nicht mehr dieselbe Frau. So hieß es oben in Kapitel 4. Ein Mann, der aus dem Krieg zurückkommt, ist nicht mehr derselbe Mann.

Sie sind beeindruckend, die Bilder der Heimkehrer aus den verlorenen Schlachten des Zweiten Weltkrieges. Er ist zurück, er hat überlebt. Doch der Blick ist tot, das Gesicht versteinert. Die Augen blicken dich an, und sie blicken durch dich hindurch. Er ist da, und er ist weit fort, anderswo. Die Erinnerung hängt vielleicht noch im Grauen des Krieges, im Schützengraben, beim Tod des Kameraden.

Manch einer kommt zwar heim, kommt aber nie zu Hause an. Andere verstummen. Sie reden nicht. Keiner bringt sie zum Sprechen. Als sei etwas in ihnen abgestorben. Sie wollen kein Wrack sein, doch haben sie Mühe zu leben, das Leben, das vor ihnen liegt, zuversichtlich zu gestalten. Selbst die, die reden können, kommen nicht von dem los, was ihnen widerfahren ist. Immer wieder reden alte Männer von einem Krieg, der schon Jahrzehnte vergangen ist. Immer wieder kehrt die Vergangenheit in ihnen ein, oder sie kehren in einer Vergangenheit ein, die in ihnen weiterlebt.

Scheinbilder

Kriege der Gegenwart – Jugoslawien, Irak, Somali, Kongo, Afghanistan, Palästina, Syrien usw. – sind, selbst wenn das Fernsehen punktuell ausführlich berichtet, weitgehend Konflikte ohne Bilder. Abbildungen zu zeigen oder auszublenden ist ein

Mittel der Kriegsführung. Was wir allenfalls zu sehen bekommen, sind die Zerstörung der Orte und die Leiden der Zivilbevölkerung. Den Tod eines Soldaten westlicher Streitkräfte kann man nicht verschweigen, aber man kann ihn ungesehen machen. Was gezeigt wird, sind Särge, häufig beim Abschiedszeremoniell, mit Flaggen dekoriert, von formelhaften Sätzen der Ehrerbietung eskortiert, von Worten der Anteilnahme an die Angehörigen begleitet. Was nicht gezeigt wird, sind heimgekehrte Verwundete und Verletzte. Was praktisch totgeschwiegen wird, sind die seelischen Wunden und Verletzungen, die der Krieg denen zufügt, die ihn zu führen hatten.

Traumata nennt man das. PTBS im Fachjargon, »Posttraumatische Belastungsstörung«. Mit Trauma bezeichnet die griechische Sprache eine Wunde, einen Schaden, einen Verlust, eine Niederlage. Erlebte Vergangenheit sucht die Betroffenen heim, bei Tage und bei Nacht. Das Gedächtnis, dessen vordringlichste Aufgabe es ist, zu vergessen, damit wir nicht von Eindrücken und Erinnerungen erschlagen werden – das Gedächtnis hat Schaden gelitten. Auch für Sieger ist der Verlust der Fähigkeit, Schreckliches zu vergessen, eine Niederlage. Als Auslöser genügt ein Geräusch, ein Geruch, ein Bild, ein Name, ein Wort, eine Stimme, eine Farbe, eine Zahl. Schon vibriert der Körper, das Gehirn schließt sich kurz, die Erinnerung schlägt zu. Geister der Vergangenheit schrecken den Betroffenen auf, nahezu unvorhersehbar.

Kann es Erlösung geben von diesen Qualen? Ja. Selten vollständig, endgültig und rasch. Doch Reden kann helfen, das Aussprechen von Empfindungen und Gefühlen. Bei heftigen Verletzungen der Seele unter Anleitung einer Fachkraft. Mit Hilfe von Worten Erinnerungen lösen. Zunächst aus sicherer Distanz, denn das Erlebte ist zu grausam. Als Verletzter könnte man die Gewalt der aus der Versenkung gehobenen Bilder ohne Schutz nicht ertragen. Nur äußerst behutsam die Schrecken des Erlebten an sich heranlassen, sie in den Blick nehmen. Zeit, Zuwendung, Verständnis helfen beim Verdauen und Integrieren. Sich selber anders, als verletzbar erfahren. Sich eingestehen: Für deine Seele, deine Psyche, war diese Belastung zu groß – du bist verwundet. Lernen, sich in Zukunft zu schützen, bestimmte Situationen oder Themen zu meiden, um nicht wieder in den Abgrund des Ausgeliefert-Seins zu stürzen. Versuchen, den Überfallcharakter der erinnerten Gefühle oder Erlebnisfetzen auszuscheiden. Und doch zu wissen: Deine Vergangenheit bleibt bei dir. Deine Erinnerung lässt dich nie völlig los.

Es ist zu begrüßen, dass militärische Einsätze der weltweiten Friedenssicherung heute von Profis ausgeführt werden, die diese Arbeit freiwillig gewählt haben, als Beruf. Die für ihren Job, für das, was auf sie zukommen mag, gründlich und vielseitig ausgebildet und trainiert werden, körperlich, mental, psychologisch, moralisch. Die dabei auch Situationen existenzieller Bedrohung vorwegnehmen. Die sich auf äußerste Belastungen vorbereiten: schnell reagieren, Übersicht bewahren, stark, hart, handlungstüchtig bleiben, nichts an sich heranlassen, Schmerzen, Gefühle, Zweifel wegstecken. Selbst in Extremlagen Reaktionsfähigkeit bewahren, Lösungen finden, nicht unnütz reden. Handeln, nicht empfinden.

Fast zwangsläufig entsteht daraus das Idol des immer und überall siegreichen Helden, der allen überlegen ist, der keine Schwächen kennt und oft auch keine Skrupel. Denn Schwäche wäre Versagen und Verrat an seiner Rolle. Mann pur, immer stark, ohne Gefühl, ohne Seele, allenfalls Sex ist zugelassen als Ausgleich fürs Gemüt. Ein Mythos, den die Menschheit pflegt, vom (fast) unverwundbaren Achilles der Trojanischen Kriege über die Heroen der Filmwelt Hollywoods, denen (fast) nichts etwas anhaben kann, Superman, Batman, James Bond oder wie sie alle heißen. Bis hin zu gnadenlosen Wirtschaftsbossen und Bankenchefs im globalisierten Wirtschaftskrieg, deren Untergebenen bisweilen kein anderer Ausweg bleibt als der Selbstmord.

Nur nichts an sich heranlassen – so ziemlich das genaue Gegenbild zu dem, was hilfreich und notwendig wäre zur Verarbeitung und Lösung eines erlittenen Traumas.

Der Marinesoldat

Ich sitze im Zug, wir fahren durch das Rheintal. Die Sangesfreude eines Reisenden übertönt das Gemurmel im Großraum. Alkohol hat ihm die Stimme gelöst, offensichtlich. Alles, was ich verstehen kann, ist: »Ich bin ein Marinesoldat aus Hamburg und fahre jetzt nach Haus …« Eine Gruppe von Schülern im Abteil, 14, 15 Jahre alt, fängt an zu grinsen. Erst leise, dann lauter machen sie sich über den angeheiterten Sänger lustig. Schließlich äffen sie seinen immer wiederkehrenden Singsang nach. Da springt der junge Mann auf, greift mit den Händen nach dem Gepäckfach über der Schülergruppe und schreit die Jugendlichen an, mit erregter Stimme: »Ihr macht euch nicht über mich lustig!! Das sage ich euch! Niemand macht sich über mich lustig!! Hört ihr?! Sonst knallt's!« Die Schüler erstarren, blicken sich verunsichert und ängstlich an. Betretenes Schweigen im Wagon. Wird er zuschlagen oder nicht?

Ich stehe auf und gehe langsam auf den jungen Mann zu »Das war nicht böse gemeint«, sage ich. »Immer mit der Ruhe. Die haben nichts gegen Sie …« Er schaut mich an, als ob er aus einem Traum erwacht. Ich gehe ruhig vor, bringe ihn dazu, zurückzuweichen und auf seinen Platz zurückzukehren. Die Spannung lässt nach.

Zwanzig Minuten später sind die Schüler ausgestiegen. Der Platz neben mir ist frei. Der junge Mann kommt und setzt sich neben mich. »Ich danke Ihnen, dass Sie mich gestoppt haben«, sagt er. »Ich weiß nicht, was sonst passiert wäre. Ich hätte vielleicht meinen Job verloren. Als Soldat muss man sich kontrollieren können …«

»Die wollten Ihnen nichts Böses«, sage ich. »Die fanden einfach lustig, dass Sie gesungen haben. Sie sind wohl sehr empfindlich?«

»Ja«, antwortet er und fängt an zu erzählen. »Ich war mit der Bundeswehr im Ostkongo, im Kivu. Das war fürchterlich. Sie können sich gar nicht vorstellen, was ich da gesehen habe. Wie die sich gegenseitig fertigmachen. Nachts überfallen sie ein Dorf, machen alle mit der Machete nieder, Kinder, Frauen, Alte. Die Mädchen werden vergewaltigt. Es war unvorstellbar. Wir konnten ja nicht viel machen. Aber die Bevölkerung war froh, wenn wir kamen. Dann war sie wenigstens für kurze Zeit geschützt.

Dann kam Afghanistan. Das hat mir mehr ausgemacht. Das war viel schlimmer. Da haben die anderen ja gegen uns gekämpft. Die oder wir, sonst gab es nichts. Wir sollten die Dörfer von Aufständischen säubern, Haus für Haus. Du bist ständig unter Hochspannung. Du weißt nie: Ist da einer, der auf dich schießt, oder nicht? Du hörst ein Geräusch. Schießt du nicht gleich, dann schießt der andere zuerst, und du bist erledigt. Einmal mussten wir einen abgelegenen Weiler kontrollieren. Es war schon fast Nacht. Ich gehe in ein Haus, durchsuche die Räume. Niemand. Ich höre ein Scharren nebenan, ich schieße durch die Wand. Da war nur eine Frau mit einem Kind. Ich habe sie erschossen. Ich habe sie umgebracht! Seitdem habe ich keine Ruhe mehr. Manchmal schrecke ich nachts hoch. Immer das gleiche Bild kehrt wieder.«

Er macht eine Pause. Ich sage: »Sie haben Schlimmes durchgemacht. Sie brauchen Hilfe. Sonst brennt bei Ihnen mal die Sicherung durch. Bei der Bundeswehr gibt es doch

Psychologen. Haben Sie da mal mit jemandem gesprochen?«

»Ja, ja«, sagt er, wenig überzeugt. »Die Sicherung, die ist bei mir schon durchgebrannt. Das letzte Mal, als ich heimkam. Zu Hause, da wohnen noch mein Vater und meine Schwester. Ich schließe die Haustür auf. Da kommt mir ein Typ entgegen. Ich kenne ihn nicht. Ich denke, das ist ein Einbrecher. Ich greife ihn an. Zum Glück war gleich meine Schwester da und sagte: ›Hee, das ist mein Freund!‹ Sonst hätte ich ihn fertiggemacht!«

»Sie haben schlimme Erfahrungen hinter sich«, sage ich. »Die können einen ganz schön durcheinander bringen. Sie brauchen dringend Hilfe. Wenn Ihnen jemand ins Bein geschossen hat, dann gehen Sie doch auch zum Arzt. Ihre Seele ist verletzt. Sie müssen etwas für sich tun.«

Das Gespräch brach dann ab. Der junge Mann musste aussteigen. Ob er auf mich gehört hat? Ich weiß es nicht.

Ich zweifle dran. Denn er fürchtet: Ich verliere meinen Job, wenn ich zugebe, dass ich innerlich zutiefst verletzt bin. Auch die Bundeswehr scheint mir alles andere als darauf vorbereitet, dass ein großer Teil ihrer Einsatzkräfte nach Auslandseinsätzen nicht mehr einsatzfähig ist. Weil sie seelisch verwundet sind, psychisch gestört. Und daher auch nicht mehr eingesetzt werden dürften. Im US-Ministerium für Kriegsveteranen machen schockierende Zahlen die Runde: Ein Fünftel, möglicherweise bis zu einem Drittel der Soldaten sind nach der Rückkehr von einem Krieg im Ausland traumatisiert. Und: Mehr aktive Soldaten kommen durch Selbstmord ums Leben als an der Front.

Im übrigen: Nichts an sich heranlassen, nur ja keine Schwäche zeigen, das gilt nicht nur im Krieg. Das erwarten Vorgesetzte der Deutschen Bahn von ihren Zugführern, wenn sich ein Mensch vor den Zug geworfen hat. Damit rechnen wohl auch Einsatzleiter bei Verkehrsunfällen. Der Unfall darf dir nichts anhaben. Probleme gibt es nicht. Nur Lösungen. Sonst bist du im falschen Beruf. Ein Weichei.

Amazonen

Ist Krieg führen Männersache? Ist es Männern vorbehalten, das heimische Territorium zu verteidigen? Dazu würde passen, dass in Kriegs- und Krisenzeiten mehr Jungen geboren werden. Es gibt mehr männlichen Nachwuchs, wenn die Art bedroht ist. Schon wenn eine Fußballmannschaft auf den Erzrivalen trifft, ist der Testosteronspiegel der beteiligten Spieler besonders hoch. Möglicherweise auch der der Fans.

Nun wird aber aus verschiedenen Gegenden der Welt berichtet, dass – zumindest in vorchristlicher Zeit – Frauen an Kriegshandlungen beteiligt waren, zu Pferde und zu Fuß. In Frauengräbern Asiens wurden Waffenbeigaben gefunden, umfangreicher als die in den Männergräbern der gleichen Totenstätte. Die bekanntesten Kriegerinnen sind wohl die Amazonen. Dieses sagenumwobene Frauenvolk hat nicht nur die Fantasie und Mythologie der alten Griechen und etlicher Geschichtsschreiber des Altertums lebhaft beschäftigt. Bis in die neuere Zeit haben sie Dichter zu Trauerspielen angeregt und Künstler zu Darstellungen kämpfender Frauen auf Vasen, Mosaiken, Reliefs und Gemälden, wie man sie in Museen bewundern kann. Folgt man der altgriechischen Sage, so verliebt sich beim Trojanischen Krieg der unschlagbare Superheld Achilles in Penthesilea, die Amazonenkönigin – nachdem er sie erschlagen hat.

Nicht überall, wo Frauen herrschen, greifen sie auch zu den Waffen. Andere Matriarchate, andere Sitten. Das Beispiel der Bidjogos, von denen in Kapitel 8 berichtet wurde, zeigt es. Auch wenn es in vielen Armeen inzwischen auch Soldatinnen gibt: In der Regel überlassen Frauen, wenn sie in der Gesellschaft dominieren, das »Vorrecht« Krieg zu führen den Männern.

Du willst keinen Streit?
Dann tu doch einfach, was ich sage!

18

Gott – ein Mann?

Ich weiß nicht, lieber Leser, liebe Leserin, ob Religion Ihnen etwas bedeutet. Sollte das der Fall sein, sollten Sie einen Bezug zu religiösen Fragestellungen und Überzeugungen haben, dann stehen Sie in unserem Land mit einiger Wahrscheinlichkeit einer der drei großen Buchreligionen nahe: Judentum, Christentum oder Islam.

Alle drei Religionen stammen vom Rande des östlichen Mittelmeers. Alle drei spiegeln die gesellschaftlichen Machtverhältnisse wider, in denen sie ihren Ursprung nahmen: Der Mann beherrscht das öffentliche Leben. Die Frau hat sich einzufügen, unterzuordnen. In einigen Landstrichen soll sie sich sogar möglichst unsichtbar machen. Das ist dort vielfach noch heute so.

Rabbi, Priester, Imam – alles Männer

In der traditionellen jüdischen Glaubenspraxis braucht es zehn religiös erwachsene Männer, um einen Gottesdienst abhalten zu können. Warum zählen Frauen nicht? Anfänglich geschah das wohl sowohl aus Respekt als auch aus ganz praktischen Gründen. Im Allgemeinen konnten Frauen nicht lesen. Darum wurden sie nicht zum Vorlesen eines Abschnitts der Thora aufgefordert – »zum Schutz ihrer persönlichen Würde«, niemand sollte »in Verlegenheit gebracht werden dürfen« (Kolatch 1999, S. 159). Doch machen wir uns nichts vor: Natürlich wollte man sie auch nicht von ihren hausfraulichen Tätigkeiten am Herd und in der Familie abhalten.

Der jüdische Rabbi Jesus, zentrale Person des christlichen Glaubens, zog mit Frauen und Männern durch die Ortschaften um den See Genezareth. Seinen Zuhörern erzählte er von dem im Anbruch befindlichen Reich Gottes. Seine Geschichten und Gleichnisse veranschaulichte er mit kleinen Begebenheiten aus dem Alltag einfacher Leute. Die Bilder, die er benutzt, stammen gleichermaßen aus dem Leben von Frauen und Männern. Eine Generation nach seinem Tod spielen Frauen im Leben der ersten Gruppierungen der Jesusbewegung zwar immer noch eine wichtige Rolle. Doch bei Gemeindeversammlungen haben Frauen nichts mehr zu sagen. Da sollen sie den Mund halten – und das ist Jahrhunderte hindurch so geblieben.

Ein Hauptproblem des Islam, zumindest in westlichen Ländern, aber nicht nur dort, ist die diskriminierende Einstellung der muslimischen Tradition zur weiblichen Identität und Rolle in Familie und Gesellschaft. Kann die Frau frei entscheiden, wie sie sich kleidet, wen sie heiratet? Kann sie selber wählen, ohne kontrolliert zu werden oder Rechenschaft ablegen zu müssen, mit wem sie ausgeht, wie lange sie abends fort ist? Darüber kommt es immer wieder zu Auseinandersetzungen.

Im östlichen Mittelmeerraum kämpfen soziale Gruppen und Gesellschaften ständig um Überleben und Entfaltung. Das war früher so. Das ist auch heute so. Kriege werden von Männern angeordnet und geführt, in praktisch allen Gesellschaften. Wo Kriege herrschen, geben Männer den Ton an. Ihre Logik, ihre Auffassung von Macht und Sicherung der Macht bestimmen die Regeln des Zusammenlebens. Frauen haben da wenig zu melden.

Im Mittelalter wird Kriegführen eine wesentliche Beschäftigung der die westliche Welt beherrschenden römischen Kirche. Prompt geht es Frauen besonders schlecht. Zwar wird in der Verehrung der Jungfrau Maria und anderer heiliger Frauen ein bestimmtes Bild von Weiblichkeit als Ideal verklärt. Zugleich aber werden unliebsame Frauen als Hexen verbrannt. Es ist ein besonders finsteres Kapitel der Christentumsgeschichte. Haben die drei großen Religionen ihre Einstellung zum Verhältnis von Frau und Mann inzwischen grundlegend geändert? Ein Wandel deutet sich an. Seit rund 50 Jahren gibt es in einigen Glaubensgemeinschaften Pfarrerinnen und sogar Bischöfinnen. Das indessen hat auch zu ökumenischen Konflikten geführt. Es bleibt wohl noch viel zu tun.

Schöpfung männlich, Schöpfung weiblich

Nicht nur die Regeln des Zusammenlebens, auch die Vorstellungen des Glaubens sind von der Paarkonstellation männlich – weiblich geprägt. Das lässt sich besonders an den Schöpfungsmythen der Menschheit ablesen. In ihnen spielt die Dynamik von Gegensatz und Ergänzung häufig eine Rolle: Konflikt und Harmonie, Aufbau und Zerstörung, Trennung und Vereinigung. Männliche und weibliche Kraft und Energie werden einander zugeordnet: Kämpferische und schützende Männlichkeit, Leben spendende, Leben erhaltende und bewahrende Weiblichkeit. Aber hüten wir uns vor Vereinfachungen. Zwar wirken Polarisierungen zunächst überzeugend – sie prägen sich dem Gedächtnis mühelos ein. Doch behalten wir auch den Hinweis von Rosmarie Welter-Enderlin (2005, S. 49) im Sinn, »dass mit den Begriffen ›männlich‹ und ›weiblich‹ nicht unbedingt Frauen und Männer, sondern Sprachregeln in bestimmten Situationen gemeint sind, die weit mehr von Positionen der Macht (oder Ohnmacht) als von Biologie abhängig sind«.

Auf den ersten Blick mag es überzeugend erscheinen: Erschaffen Männer etwas, so ist das Resultat ihrer Bemühungen, ihre Schöpfung, meist außerhalb von ihnen wahrnehmbar. Stellen ihre Hände etwas her, so ist das Ergebnis auch mit Händen zu greifen. Ist ihre Schöpfung gelungen, so sind sie mächtig stolz und finden gut, was sie gemacht haben. Derlei Befriedigung kann man bei Frauen auch antreffen. Frauen indessen haben noch einen anderen Zugang zu dem, was sie hervorbringen. Naturgemäß erleben sie Schöpfung auch noch anders. Leben wächst in ihnen. Es bleibt ein Teil von ihnen, auch wenn es sich von ihnen löst. Der Kontakt zu dem, was in ihnen herangewachsen ist, bleibt oft bestehen und wird gepflegt. Man kann vermuten, dass die innere Beziehung zu dem, was entstanden ist, sich bei Frauen und Männern unterscheidet. Frauen bewahren oft stärker einen inneren Bezug zu dem, was aus ihnen hervorging. Allerdings geraten solche Zuschreibungen zunehmend ins Wanken, wenn man neben traditionell ausgerichtetem Rollenverhalten auch die Vielfalt individueller Lebensentwürfe im Paarleben, in Familie und Beruf einbezieht. Wird die Kreativität von Frauen – und Männern – in allen Bereichen des Lebens zugelassen, von der Gestaltung des privaten Lebens bis hin zu Technik und Kunst, so ergibt sich ein sehr viel bunteres Bild von dem, was Schöpfung ist.

Ist Gott männlich?

Vielleicht sind Sie auch schon einmal über diese Frage gestolpert. Wenn Gott, oder Götter wie in zahlreichen Religionen der Welt, als Schöpfer des Alls verstanden werden, kann man sich fragen: Ist Gott eher männlich oder eher weiblich? »Mache dir kein festes Bild von Gott«, rät die jüdisch-christliche Tradition. Der Islam verbietet Abbildungen Allahs. Wer ein Bild vom anderen hat, besitzt ihn, hat ihn in der Tasche, in seiner Vorstellung eingeschlossen und kann über ihn verfügen. Darum versuchen alle drei großen Religionen das Geheimnis dessen, was der Begriff »Gott« umschließt, als Beziehung zu beschreiben: als Liebe, Güte, Erbarmen, Hoffnung, Gerechtigkeit oder als Ursprung des Seins und Quell des Lebens. »Abba!«, so redet Jesus Gott an, wie ein Kind seinen Vater anspricht: »Papa!« Damit drückt er das tiefe Vertrauen aus, das ein Kind mit seiner geliebten Mutter oder seinem geliebten Vater verbindet. An dieser Stelle möchte ich ein Ergebnis der oben in Kapitel 12 erwähnten Untersuchung des semantischen Differenzials erwähnen, also dem Versuch herauszufinden, was Menschen zu Schlüsselworten unseres Beziehungsalltags empfinden: Der Begriff »Gott« wird von den untersuchten Personen nicht eindeutig mit »Vater« identifiziert, sondern liegt genau zwischen »Vater« und »Mutter«. Das Wort Gott löst also Assoziationen aus, die gefühlsmäßig die Bindung an beide Elternteile, an Vater **und** Mutter zum Ausdruck bringen.

Liebe, Güte, Erbarmen, Verständnis und Verzeihen – all das sind Werte, die traditionell eher dem Lebens- und Tätigkeitsbereich von Frauen zugeordnet werden. Sie haben mit Menschlichkeit zu tun, mit Schwächen und der Bedürftigkeit menschlicher Existenz. Sie öffnen den Blick auf Situationen, in denen Menschen sich als ratlos und hilfsbedürftig erleben, in denen sie auf Unterstützung und Zuwendung anderer angewiesen sind. Wie schon festgestellt, die Forschung behauptet: Frauen stellen sich eher in Frage. Frauen suchen mehr den Austausch über Probleme und Konflikte. Sie erkundigen sich schneller, wenn sie nicht mehr weiter wissen, suchen leichter Rat und Hilfe. Zu der Überzeugung: »Probleme gibt es nicht!« passt das nicht so recht.

Braucht jemand, der nur Lösungen kennt, Menschen, die ihm beistehen, die ihn vielleicht sogar erlösen? Die kommen ihm doch nur in die Quere. So mag es nicht verwundern, dass Männer neuerdings, seit kein sozialer Druck sie mehr dazu drängt, sich sonntags in der Kirche zu zeigen, dort auch kaum noch zu sehen sind. **Auf** der Kirche schon, beim Reparieren des Daches. Ebenfalls **vor** der Kirche, bei Prozessionen, wenn es etwas zu tragen gilt, zu tun, zu entscheiden. Aber **in** der Kirche? Wozu? Sich vielleicht auch noch von einer Frau, einer Pastorin, sagen zu lassen, was der Sinn des Lebens als Mann ist, welche Prioritäten man im Alltag setzen sollte?

19

Männer sind verschieden. Frauen auch

Jungen sind anders als Mädchen, Männer sind anders als Frauen. Aber auch ein zweiter Satz trifft zu: Jeder Mann ist anders als andere Männer, selbst wenn sich Männer in manchem gleichen. Jede Frau ist anders als andere Frauen.

Das ist doch eigentlich wunderbar.

Kommen in diesem Buch die Männer zu schlecht weg und die Frauen zu gut? Frauenversteher hat man mich einmal genannt. Ich vermute, das war kritisch gemeint. Ja, ich bemühe mich, Frauen zu verstehen. Ich weiß nicht, was daran schlimm sein soll. Ich bemühe mich, auch Männer zu verstehen, und das was in Paarbeziehungen zwischen Männern und Frauen so abläuft. Welche Strategien Paare verfolgen, wie die Partner sich gegenseitig fördern oder ein Bein stellen. Was jeder dazu beiträgt, dass der andere sich genau so verhält, wie er es tut – ob der oder die Betreffende das nun will oder nicht, ob er oder sie es liebt oder hasst. Ich finde, ohne den anderen, seine Absichten und Beweggründe zu verstehen, kann ich ihm nicht gerecht werden und ihn auch nicht wertschätzen.

Haben Männer Angst vor weiblichem Kannibalismus? Das Tierreich bietet so manchen Beleg dafür (Bezzel 1993, S. 110ff.). Im Extremfall frisst das Weibchen das Männchen, um genug Reserven für die Aufzucht des Nachwuchses anzulegen. Geschiedene Väter wirken bisweilen auf mich, als ob sie etwas ganz Ähnliches befürchten. Ein Gegenextrem zur Einverleibung des einen durch den anderen wäre ein einheitlich mannweibliches Geschlecht, der Kugelmensch, von dem Plato in seinem »Gastmahl« spricht. Ich bin überzeugt: Weder

181

das eine noch das andere ist wünschenswert. Männer sollen nicht wie Frauen werden, und umgekehrt Frauen nicht männlichen Spielregeln folgen müssen. Jeder und jede soll sich so entwickeln können, wie es seinen Möglichkeiten und Überzeugungen, seinen persönlichen Vorstellungen und seinem Potenzial entspricht. Das ist eines der Ideale in modernen westlichen Gesellschaften.

Sich entwickeln heißt zunächst, in vorgegebene Umweltbedingungen hineinwachsen, in ihnen groß werden, sich in ihnen zurechtfinden und bewähren. Sich immer wieder neu auf äußere Umstände und sich wandelnde soziale Gegebenheiten einstellen. Aber diese zugleich auch beeinflussen, verändern, und dann wiederum auf die eingetretenen Veränderungen reagieren. »Je besser ein Organismus seine Umgebung wahrnimmt, desto größer sind seine Überlebenschancen« (Lipton 2009, S. 39). So hat sich Leben entwickelt, vom Einzeller vor 750 Millionen Jahren bis hin zum komplexen menschlichen Wesen unserer Tage mit seinen 50 Billionen Zellen und seinem hochkomplizierten Gehirn.

Mentale Verspätung

Nichts bewahrt uns vor dem Ablauf der Zeit. Nichts ist sicher in unserer gegenwärtigen Welt, außer dass nichts sicher ist. Je rascher sich die Umwelt ändert, desto häufiger treten neue Situationen ein. Denen ist meist nur mit neu angepasstem Verhalten, mit neuen Erfahrungen angemessen zu begegnen. Dazu müssen die Veränderungen als solche wahrgenommen werden. Oftmals sind in diesem Zusammenhang auch altbekannte Phänomene neu zu interpretieren.

Es nützt nichts, sich gegen Wachstum und Wandel zu sperren. In einer Welt, in der alles in Bewegung ist, wird unbeweglich bleiben zum Nachteil. Gewiss, Veränderungen sind ziemlich regelmäßig mit Krisen verbunden, einem Konflikt zwischen vertrautem Alten und dem herbeigesehnten und zugleich gefürchteten Neuen. Es ist daher verständlich, dass Menschen Krisen normalerweise scheuen. Doch durch Wachsen und Reifen bedingte Konflikte zu unterdrücken, führt nicht weiter. Im Gegenteil, der Konflikt wird heftiger, die Krise verschärft sich. Wir müssen nicht weit gucken, um Bestätigung für diese Erfahrung zu finden, bei Personen, die wir kennen, bei Gesellschaften und Staaten, über die die Nachrichten uns berichten.

Immer noch wehren sich Männer dagegen, ein traditionelles Selbstbild und das dazugehörige Verhalten aufzugeben. Das ist erst einmal nachvollziehbar und verständlich. Warum sollten sie? Niemand steigt gerne herab vom Podest seiner Privilegien. Keiner verzichtet gerne auf eine dominante Position. Mann kann ja weiter mit der Hoffnung leben: Schaue ich bloß lange genug weg, so ändert sich nichts. Vorrechte und selbstverständliche Gewohnheiten aufgeben, dazu auch noch neues, gegenläufiges Verhalten einüben, Aufgaben übernehmen, die bisher zur Frauenrolle gehörten – wie unbequem.

In unserem Land kann man im Blick auf die vergangenen 50 Jahre beides feststellen: Unglaublich, was sich im Verhältnis der Geschlechter in so relativ kurzer Zeit geändert hat! Und zugleich: Immer noch ist es nicht genug! Immer noch gibt es nicht für alle Frauen und Männer gleiche Chancen, gleiche Bezahlung, gleich faire Entfaltungsmöglichkeiten. Schauen wir aber auch einmal in die andere Richtung, auf die kommenden 50 Jahre. Sehr viele Männer, gerade jüngere, orientieren sich bereits an einem der Zukunft zugewandten Konzept von Mannsein. Dieses schließt gleiche Rechte und Pflichten zwischen Mann und Frau als Selbstverständlichkeit mit ein. Andere, und nicht wenige leben indessen noch mit – mindestens – 15 bis 20 Jahren geistiger Verspätung. Halten weiterhin an Vorstellungen von Männlichkeit fest, die überholt sind. Da stellt sich schon die Frage: Können wir uns das als Gesellschaft leisten?

»Bei den meisten Tieren investieren Männchen weniger in den Nachwuchs als die Weibchen.« Männchen produzieren »lediglich winzige Samenzellen«, die Weibchen dagegen »die aufwendigen Eier« (Bezzel 1993, S. 72) und bleiben in zahlreichen Fällen lange Zeit hauptverantwortlich für die Pflege des Nachwuchses. Allerdings liefern einige Tiere, speziell Vögel, auch Modelle einer fast perfekten Arbeitsteilung bei der Aufzucht der Jungen, von denen die Menschheit sich einiges abgucken könnte.

Seit Frauen grundsätzlich in gleicher Weise wie Männer für ihren Lebensunterhalt zuständig sind, stimmt für viele von ihnen die innere Bilanz nicht mehr. Sicher, Kinder bringen neben viel Arbeit und Sorgen auch Glück und Befriedigung. Das bringen sie für den Vater, der sich weniger um den Nachwuchs kümmert, aber auch (und er kriegt es billiger). Auf der anderen Seite bedeuten Kinder für Frauen eine hohe Investition und eine Reihe von Verlusten: an Unabhängigkeit, Selbständigkeit, Selbstbestimmung, beruflicher Entfaltung, Einkommen, Karriere, Versorgungssicherheit, Freizeit, Ausübung von Leitungsverantwortung und Führungskompetenz usw. Frauen verstehen heute nicht mehr, warum Jungen und Männer bestimmte Positionen innehaben sollen, wo sie auch nicht besser und erfolgreicher sind als Mädchen und Frauen.

Mehrfachbelastung macht fit

Darin sind sich Entwicklungspsychologen, Hirnforscher, Pädagogen und Evolutionsbiologen einig: Wenn Jungen stundenlang vor dem Bildschirm sitzen, im Computerspiel Hindernisse zertrümmern oder Bösewichte abknallen, dann perfektionieren sie zwar ihre Reaktionsgeschwindigkeit und die Vertrautheit mit diesem Gerät. Das Lösen der Aufgabe, ein feindliches Raumschiff abzuschießen, beschert ihnen auch eine sofortige Belohnung. Zudem können sie »in fremde Rollen schlüpfen und sich stark und mächtig fühlen« (Bischhoff/Berwanger 2010, S. 252). Was sie auf diese Weise erwerben, ist jedoch eine sehr einseitige Kompetenz. Andere Sachen lernen sie nicht oder schlecht. Das spätere Leben wird vielfältige und komplexe Herausforderungen für sie bereithalten. Häufig werden sie sich in unüberschaubaren Situationen wiederfinden. Auf die wären sie besser vorbereitet, wenn sie ihre Fähigkeiten mehr in sozialen Bezügen trainieren würden. Denn das menschliche Beziehungsfeld hält Überraschungen bereit. Es ist weniger vorhersehbar. Im Kontakt mit Freunden oder Gleichaltrigen übt man eine andere Art von Einfallsreichtum und Geistesgegenwart als vor dem Computer. Wer fast ausschließlich am Ego-Shooter hockt, beherrscht am Ende nur eine einzelne Fertigkeit, wenn auch perfekt. Einseitige Begabungen sind indessen nur in bestimmten Situationen gefragt und haben Nachteile, betont der Neurobiologe Gerald Hüther (2009) in seinem Buch »Männer«. Heute gibt es nicht mehr viele Berufe, in denen einzig eine spezielle Fähigkeit gefragt ist. Und selbst dort werden zunehmend auch soziale und psychische Qualitäten vorausgesetzt. Die häufige Klage von Männern über Stress am Arbeitsplatz beweist das.

»Mädchen sind klüger.« So titelt hin und wieder eine Illustrierte – provozieren macht eben Spaß. Bestätigen die Analysen von Schulerfolg – und vor allem von Schulversagen – nicht die Überlegenheit vieler Mädchen, zumindest in der Schule? Ihre Mütter, ihre Großmütter haben für mehr Gleichberechtigung gekämpft, für das Wahlrecht, für die rechtliche Gleichstellung. Mittlerweile haben die Frauen sich emanzipiert. Die meisten von ihnen können inzwischen berufstätig sein wie die Männer. Immer mehr traditionell männliche Berufe stehen ihnen offen. Die werden auch besser bezahlt und mit höherem Sozialprestige belohnt. Jeder Fortschritt bei einer faireren Verteilung der Hausarbeit ist ein Erfolg für sie. Zugleich behalten Frauen ihre weibliche Rolle bei, die hat ja auch Vorzüge. Die Möglichkeit, Mutter zu sein, kann ihnen ohnehin niemand nehmen. Mädchen und Frauen haben im Laufe der Jahrzehnte einiges hinzubekommen. Außerdem leben sie länger.

Hat das eine mit dem anderen zu tun? »Mehrfachbelastung macht Frauen überlegen«, so betitelt der »Tagesspiegel« eine Meldung vom 4. September 1996. Und: »Männer tun sich keinen Gefallen, wenn sie Hausarbeit verweigern.« Der Gesundheitswissenschaftler Klaus Hurrelmann erklärt dazu: »Was zunächst wie eine Benachteiligung aussieht, fördert ihre Anpassungsfähigkeit und Lebenstüchtigkeit.« Frauen lernen, die Anstrengungen von Beruf und Privatleben, häusliche und erzieherische Herausforderungen miteinander zu verbinden und zwischen beidem einen Ausgleich herzustellen. Dadurch sind sie fitter.

Kooperation oder Konkurrenz?

Charles Darwin bezeichnet es selber als seinen größten Fehler, dass er neben der natürlichen Auslese dem Einfluss der Umgebung nicht genug Beachtung geschenkt habe (Lipton 2009, S. 50). Er hat also, wie er gegen Ende seines Lebens meinte, in seinem einflussreichen Hauptwerk »Entstehung der Arten« den Überlebenskampf überbetont und der Bedeutung gegenseitiger Einflüsse und der Zusammenarbeit mit dem Umfeld zu wenig Rechnung getragen.

Könnte es nicht sein, dass Männer, die (sich) ausschließlich an traditionell männlichen Werten wie Härte, Leistung, Erfolg, Arbeit, Karriere und Konkurrenz festhalten, dasselbe tun? Um die 50 kommt dann manchmal ein Burn-out daher, wie ein Bote, der die Sinnfrage stellt: »Ist das nun alles gewesen? War das der Sinn deines Lebens?« Ein paar Jahre später folgt möglicherweise gar ein vorzeitiges Ende. Denn Patriarchen, so scheint es, haben eine geringere Lebenserwartung als andere Männer. Vielleicht sind sie sich ihrer Über-Gesundheit zu sicher oder haben Angst, Prestige zu verlieren, wenn sie sich dazu herablassen, rechtzeitig einen Arzt um Hilfe zu bitten.

Mädchen sind nicht unbedingt klüger, aber vielleicht besser auf die Welt von heute vorbereitet. Das muss für Jungen und Männer keine Bedrohung sein. Auch sie können hinzugewinnen: an Kompetenz, sich in einer komplizierter gewordenen, unübersichtlichen, aber auch verführerischen Lebenswelt gut zurechtzufinden, sich selber und andere besser zu verstehen, kritische Lebens- und Beziehungssituationen zufriedenstellend zu meistern, in Kontakt mit eigenen Gefühlen, Träumen und Vorstellungen zu stehen und in der Zusammenarbeit mit anderen glücklich und erfolgreich zu sein. Als Voraussetzung dazu braucht es offensichtlich: Sich nicht einseitig auf eine einzige Fähigkeit festlegen, auf eine einzige Lernmöglichkeit beschränken, so viel Spaß das auch machen mag. Vielmehr die vielfältigen Lernmöglichkeiten nutzen, die Leben und Umwelt heute bereitstellen.

Wenn sie dann später erwachsene Männer sind, werden sie, sofern sie in einer Paarbeziehung oder Familie leben, hoffentlich zu schätzen wissen (und sich gleichzeitig darüber ärgern), dass ihre Partnerin anders ist als sie; dass sie andere Gefühle und Sehnsüchte, andere Wünsche, Vorstellungen und Träume hat, eine andere Art, Konflikte zu bewältigen, Probleme zu lösen oder ungelöst zu lassen. Wenn Männer ihre Partnerin wertschätzen und lieben, werden sie im Laufe der Zeit vielleicht sogar die Erfahrung machen: Es bereitet weniger Stress, zu zweit nach einer Lösung zu suchen, als sie allein immer gleich parat zu haben. Oder sie merken: Der Behutsame denkt an Sachen, die der Mutige vergisst; der Unternehmungslustige erreicht Ziele, die dem Vorsichtigen nicht in den Sinn kommen. Meine Partnerin ergänzt mich an bestimmten Stellen, ich ergänze sie. Wir passen zusammen, fantastisch!

Manchmal aber muss man sich anpassen. Machen sich ein Mann und eine Frau gemeinsam auf den Weg, so stellt sich ganz schnell die Frage: Wer bestimmt das Tempo? Normalerweise ist der Mann größer, kräftiger, hat längere Beine. Das Tempo, das er wie von selbst einschlägt, sind 5,51 Stundenkilometer. Das ist seine optimale Geschwindigkeit (Verhältnis von Energieaufwand und erreichter Entfernung). Das Tempo der Frau ist 5,18. Wer setzt sich durch? Zwei Biologinnen von der Universität Seattle in den USA wollten das wissen. Für was Menschen wie viel Energie aufwenden – das ist ihr Forschungsgebiet. Speziell: Wie viel Energie investieren Frauen in Produktion und Aufzucht ihres Nachwuchses? Dazu haben sie auch die weibliche und die männliche Schrittgeschwindigkeit gemessen, von 1,7° bei Schnee bis zu 31,1° unter praller Sonne. Was sie herausfanden? Begleitet der Mann seine eigene Frau, so passt er sich ihr an. Das, so interpretieren die Forscherinnen, ist klug, denn langfristig kommt es seinem eigenen Nachwuchs zugute. Legt er indessen mit einer Bekannten den gleichen Weg zurück, so ist er weniger entgegenkommend. Beide schließen einen Kompromiss und einigen sich auf 5,33 Stundenkilometer (Barthélémy 2013).

Seine eigenen Prioritäten setzen

Eine letzte Frage: Oft genug habe ich in diesem Buch betont, was Neurobiologen zunehmend fasziniert: Wie plastisch und formbar das menschliche Gehirn ist. Aber hat die Steinzeit nicht trotzdem in den Genen von Männern und Frauen Spuren hinterlassen, die sich nicht so einfach außer Kraft setzen lassen? Der Säbelzahntiger etwa löste in den Urzeiten gewaltigen Stress aus. Springen bei vergleichbaren Erlebnissen heute nicht im menschlichen Hirn abgespeicherte, uralte Reaktions- und Schutzprogramme an, ganz automatisch?

Dazu möchte ich zwei kurze Geschichten erzählen.

Im Elsass beobachteten Vogelschützer in der zweiten Hälfte des vergangenen Jahrhunderts, dass immer weniger Störche aus ihren afrikanischen Winterquartieren in die heimischen Nester am Oberrhein zurückkehrten. Zum Schluss waren es teilweise nur noch 10 %. Das beunruhigte sie als Vogelliebhaber. Außerdem blieben die Nester leer – der Storch hat für das Elsass eine hohe symbolische Bedeutung. Sie fingen an, Jungstörche großzuziehen, ließen sie jedoch im Herbst nicht fortfliegen, sondern hielten sie im Lande. Und siehe da: Waren diese jungen Störche drei Winter lang zu Hause geblieben, so verspürten sie keinerlei Impuls mehr, anderswo zu überwintern. Das »instinktive« Programm in ihrem Kopf war außer Kraft gesetzt, ein neues war an die Stelle getreten.

Um den Disney-Film »Schimpansen« hat es lebhafte Diskussionen gegeben: Wurde die Dokumentation mit einem kleinen Schimpansen als Hauptdarsteller gedreht oder mit mehreren? Die dem Film zugrunde liegende Geschichte ist aber wohl doch der Realität entnommen. Oscar, ein Schimpansenjunges, verliert seine Mutter. Damit ist es dem sicheren Tod geweiht. Seine Versuche, eine andere Mutter zu finden, scheitern: Alle Mütter weisen ihn ab, sie sind mit eigenen Nachkommen beschäftigt. Oscar gelingt es, den Chef der Gruppe, ein Alphatier, zu etwas zu bringen, was die Schimpansenforscher noch nie erlebt haben: Er kümmert sich um Oscar wie eine Mutter, anfangs nicht gerade begeistert. Oscar überlebt. Allerdings vernachlässigt der Adoptivvater seine Aufgaben als Leitungstier: Die Verteidigung des Nahrungsterritoriums und die Organisation der Schimpansengruppe leiden vorübergehend.

Zwei Lehren lassen sich aus diesem anrührendem Film ziehen: Wenn schon ein Schimpanse von seiner »Natur« und vorgegebener Schimpansentradition abweichen kann – warum sollten Menschen das nicht können? Und weiter: Offensichtlich kann niemand zwei Vollzeitjobs hundertprozentig ausfüllen, gleichzeitig.

Es gilt eine Wahl zu treffen: Was ist mir wichtig im Leben?

Literaturnachweise

Barthélémy, Pierre: La femme met son compagnon au pas, in : Le Monde vom 6. 11. 2013

Bernatzik, Hugo Adolf: Im Reich der Bidjogo. Geheimnisvolle Inseln in Westafrika, Berlin/Frankfurt/Wien 1960

Bezzel, Einhard: Paschas, Paare, Partnerschaften. Strategien der Geschlechter im Tierreich, München 1993

Bischof, Norbert: Das Rätsel Ödipus. Die biologischen Wurzeln des Urkonflikts von Intimität und Autonomie, München 1994

Bischhoff, Andrea/Berwanger, Hans: Die Eltern-Schule. Kinder fürs Leben stark machen, München/Zürich 2010

English, Fanita: Es ging doch gut – was ging denn schief? Beziehungen in Partnerschaft, Familie und Beruf, Gütersloh 2000

English, Fanita/Karnath, Joachim: Lebenscoaching, Salzhausen 2009

Gottman, John M.: Die 7 Geheimnisse der glücklichen Ehe, Berlin 2008

Hare, Robert D.: Gewissenlos. Die Psychopathen unter uns, Wien 2005

Henze, Elisabeth: Hier erben nur die Töchter. Die Cuna-Gesellschaft ist eines der letzten Matriarchate Mittelamerikas, in: Der Tagesspiegel, 14. 3. 1993

Hüther, Gerald: Männer – das schwache Geschlecht und sein Gehirn, Göttingen 2009

Kolatch, Alfred J.: Jüdische Welt verstehen, Wiesbaden 1999

Koschorke, Martin: Wie Sie mit Ihrem Partner glücklich werden, ohne ihn zu ändern. Führerschein für Paare, Freiburg (Br.) 2013

Lerner, Sharon: A Healthy Marriage Can Prolong Life; a Bad One can be a Killer, in: Le Monde/New York Times, 27./28. Oktober 2008

Lipton, Bruce H.: Intelligente Zellen. Wie Erfahrungen unsere Gene steuern, Burgrain 2009

Luy, Marc: Leben Frauen länger oder sterben Männer früher?, in: Public Health Forum 14/2006, Heft 50, S. 18–20

Saldmann, Frédéric: La Vie et le Temps, Paris 2011

Weber, Christian: Niedlich bis vier, in: Süddeutsche Zeitung, 25. Mai 2013

Welter-Enderlin, Rosmarie: Deine Liebe ist nicht meine Liebe. Partnerprobleme und Lösungsmodelle aus systemischer Sicht, Paderborn 2005

Außerdem Angaben des Statistischen Bundesamtes in Wiesbaden.

Dank

Ich danke sehr herzlich

Fanita English — für die Durchsicht von Kapitel 5 und viele anregende Gespräche.

Dagmar und Peter Solyga — für das aufmerksame Durchlesen dieses Manuskripts und einige Verbesserungsvorschläge.

Klaus Martin Janßen — für die Illustrationen im Buch.

meiner Frau Françoise — Während ich an diesem Text schrieb, hat sie hin und wieder auf eine gemeinsame Wanderung in den Bergwäldern hinter unserem Haus verzichtet. Ich danke ihr für ihre Geduld und Liebe.